LES MYSTÈRES

DU

MONT-DE-PIÉTÉ

PAR

ERNEST CAPENDU.

6

PARIS

ALEXANDRE CADOT, ÉDITEUR

37, RUE SERPENTE, 37.

LES MYSTÈRES

DU MONT-DE-PIÉTÉ.

OUVRAGES D'ERNEST CAPENDU.

Les Mystères du Mont-de-Piété........... 6 vol.

Le capitaine Lachesnaye................ 11 vol.

Surcouf............................... 2 vol.

Les Rascals........................... 4 vol.

Marcof le Malouin..................... 8 vol.

Le Pré Catelan........................ 3 vol.

Mademoiselle La Ruine................. 5 vol.

L'Hôtel de Niorres.................... 6 vol.

Bamboula............................. 4 vol.

Les Mystificateurs................... 1 vol.

Les Colonnes d'Hercule............... 1 vol.

Imprimerie de F. Dépée, à Scoaux.

LES MYSTÈRES

DU

MONT-DE-PIÉTÉ

PAR

ERNEST CAPENDU.

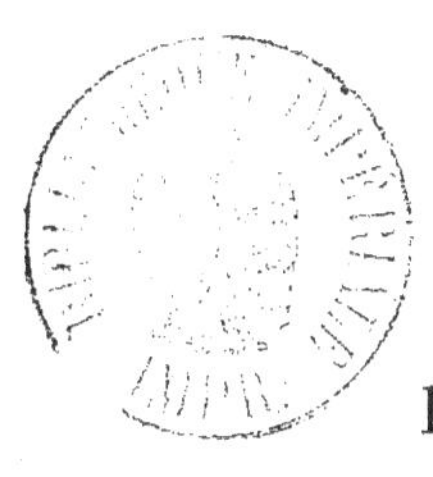

6

PARIS

ALEXANDRE CADOT, ÉDITEUR

37, RUE SERPENTE, 37.

1861

LES

MYSTÈRES DU MONT-DE-PIÉTÉ.

Troisième partie.

LES EMPRUNTEURS.

VI.

II

Le père Gaspard.

Dans l'une des maisons de cette rue des Blancs-Manteaux, — dont nous venons de retracer l'historique, — habitait depuis de longues années un vieillard connu dans le quartier sous le nom de *père Gaspard*.

Ce vieillard vivait seul, — sans parents, — sans domestique.

Il faisait son ménage lui-même et il devait, — lui-même, — faire sa cuisine, car on n'avait jamais vu chez lui l'ombre d'une servante.

Toujours mal vêtu, — l'œil sombre, — la mine rétive, — le père Gaspard avait été, — dans les premiers temps de son séjour, — une énigme pour les habitants du quartier.

Il avait pour tout ce qu'il faisait la régularité d'un chronomètre.

Une chose que l'on avait remarquée cependant, — c'est que le père Gaspard devait sortir chaque matin de très-bonne heure, car les voisins le voyaient rentrer chaque jour chez lui à midi, — mais aucun d'eux ne s'était jamais levé assez matin pour le rencontrer quittant son logis.

De midi à midi et demi, — le père Gaspard demeurait seul dans son domicile, — ne recevant personne, — n'ouvrant même à personne.

Passé midi et demi, — il daignait répondre à qui venait heurter à son huis.

De midi et demi à quatre heures, — le père Gaspard recevait, et ses visiteurs étaient nombreux.

C'étaient toujours des hommes et des femmes mal vêtus, — de tous genres, — de tous âges, — porteurs de paquets plus ou moins volumineux alors qu'ils montaient, et ils redescendaient constamment les mains vides.

A quatre heures, — la porte du logis était
de nouveau fermée hermétiquement, et le
père Gaspard demeurait encore seul sans
plus répondre aux visiteurs retardataires.

A cinq heures il sortait.

A sept heures il rentrait.

Puis on ne le voyait plus.

Rarement, — bien rarement une lumière
brillait à la fenêtre de sa chambre, — donnant sur la rue, — passé neuf heures.

Que devenait alors le père Gaspard ?

Personne n'eût pu le dire.

Le lendemain à midi, moins cinq minutes, — il apparaissait à l'angle de la rue du
Temple, — sa canne à la main, — marchant
d'un pas égal.

A midi il était chez lui, et ce qui s'était accompli la veille,—s'accomplissait le jour, — pour s'accomplir encore le lendemain.

D'abord on avait cherché à pénétrer la vie mystérieuse du vieillard, — puis, — comme on n'avait pu parvenir à justifier aucune supposition, — on avait cessé d'attacher autant d'importance à ce qu'on ne pouvait deviner, et l'on avait laissé tranquille le père Gaspard.

— Quel âge avait cet homme ?

On n'en savait rien !

— D'où venait-il ?

On ne le savait pas davantage.

— Quel était-il ?

On l'ignorait.

— Était-il riche?—était-il pauvre?—faisait-il un commerce licite ou illicite? — Était-ce un brave homme? — était-ce un méchant homme?

Personne ne pouvait répondre à ces questions.

Toujours était-il que le père Gaspard n'avait jamais rien demandé, — rien réclamé, — rien emprunté.

On savait qu'il achetait en gros les vieux effets d'habillements et les reconnaissances du Mont-de-Piété, mais c'était tout.

Comme ce commerce est fort répandu dans le quartier des Blancs-Manteaux, personne ne trouvait à redire à ce genre de négoce.

Effectivement de midi et demi à quatre heures, — tous ceux que recevait le père Gaspard étaient des acheteurs renommés d'objets d'occasion, — des brocanteurs célèbres, — des marchands de curiosités plus ou moins authentiques.

Mais, — ce qu'il y avait de singulier, — c'est que tout le monde apportait, et que personne ne remportait.

Le père Gaspard devait constamment acheter et ne jamais vendre.

Cependant s'il achetait toujours, que devenaient ses marchandises ?

Le logement du vieillard était petit, — étroit, — mesquin.

Il ne pouvait contenir un grand nombre de colis.

Les marchandises apportées chaque jour devaient former un ensemble considérable à la longue.

Que devenaient donc ces marchandises?

Jamais on n'avait vu, —nous le répétons, — sortir une caisse, — un ballot, — un paquet, quelque minime qu'il fût.

Cette question,—sans cesse sans réponse, — intriguait fort les voisins, et surtout les voisines.

Chacun cherchait à deviner, — personne n'y parvenait.

M. Gaspard, — lui, — ne semblait nullement se préoccuper de toute cette curiosité dont il était l'objet.

Il allait, — il venait avec son calme habituel, — son impassibilité ordinaire, — sa régularité à toute épreuve.

Ce jour-là, — où nous conduisons le lecteur rue de Blancs-Manteaux, c'est-à-dire vers le milieu du mois de juin (près de cinq semaines se sont écoulées depuis le jour où nous avons assisté au duel de Raymond et de Lucien), sept heures du soir allaient sonner : il faisait encore grand jour.

M. Gaspard, — suivant son habitude. — tournait l'angle de la rue du Temple avec sa ponctualité accoutumée.

Il suivit le côté droit, — longeant les

maisons, — frappant régulièrement le pavé avec sa canne.

M. Gaspard, — mes lecteurs le connaissent, — c'est le personnage que nous avons rencontré au *Café du Géant.*

C'est celui que nous avons vu se diriger vers l'église Saint-Severin et passer la nuit sous les arceaux de la maison du Seigneur.

Ce jour où nous le retrouvons, — M. Gaspard portait identiquement le même costume que le soir où nous l'avons rencontré pour la première fois.

Il marchait de ce même pas lent et régulier.

Il entra dans la maison dans laquelle il avait un logement depuis quinze ans, —

monta l'escalier, — atteignit le palier du second étage, — et, — tirant une clef de sa poche, — il ouvrit une porte placée en face de lui.

Il pénétra dans une première pièce, — referma la porte, — prit dans un coin obscur des allumettes, — fit du feu et alluma un bougeoir.

Ensuite, — il passa dans une seconde pièce, — celle donnant sur la rue, et dont les fenêtres et les rideaux étaient fermés, et il prépara une petite lampe d'un modèle antique placée sur un modeste bureau.

La pièce éclairée, — M. Gaspard ôta son chapeau, — le déposa sur une chaise, — mit sa canne dans un coin, — et, — revenant près du bureau, — s'installa dans un vieux fauteuil usé par le service.

Prenant des liasses de papiers, — qu'il avait devant lui, — il les feuilleta rapidement, — tout en paraissant les compulser avec soin.

Ce premier travail accompli, — M. Gaspard se leva, — prit la lampe et explora attentivement tous les coins et recoins de la pièce.

Il passa ensuite dans une autre pièce qu'il examina tout aussi attentivement.

Il revint dans celle formant antichambre, — la fouilla du regard, — s'assura de la main et des yeux que la porte était bien fermée, — puis il rentra dans la seconde.

Il attacha avec des épingles les gros rideaux de laine épaisse qui appendaient devant la fenêtre et, — bien certain qu'aucun œil indiscret ne pouvait arriver jusqu'à lui, — qu'aucune oreille attentive ne pouvait le surprendre, — il poussa un soupir de soulagement.

Il se dirigea alors vers l'âtre qu'obstruait un devant de cheminée à peinture sur papier de fantaisie.

Il enleva le châssis rentoilé.

L'âtre apparut sombre, — noir, — enfumé, — mais absolument vierge de tout vestige de cendre indiquant que jamais feu de bois y eût pétillé.

M. Gaspard s'était agenouillé sur le marbre.

La lampe était posée à côté de lui et l'éclairait.

Il s'avança dans l'intérieur de la cheminée et s'assit comme un ramoneur qui se prépare à entrer en fonctions.

Sa tête et ses épaules disparaissaient dans le tuyau.

Durant quelques instants, — il parut se livrer à un travail opiniâtre et mystérieux, — car ses bras levés s'agitaient avec rapidité et énergie.

— Il se retira ensuite avec précaution et s'agenouilla de nouveau devant la cheminée.

Le foyer était,— naturellement, — formé de briques placées sur champ.

M. Gaspard promena lentement son doigt sur ces briques.

Tout à coup un claquement se fit entendre...

On eût dit le jeu d'un ressort.

M. Gaspard se recula et parut attendre.

Presque aussitôt le foyer entier de la cheminée vacilla, — se fendit, — se déplaça,— à la place de l'âtre noir et enfumé, apparut un vide.

Les briques, — montées sur un châssis mobile, — s'étaient relevées de chaque côté, — comme le couvercle d'une boîte.

M. Gaspard prit sa lampe d'une main tremblante, et, — après avoir de nouveau lancé un regard rapide autour de lui, — il rapprocha le centre lumineux de l'excavation pratiquée.

Un reflet jaunâtre, — rutilant, — apparut sous les rayons de la lampe.

M. Gaspard enfonça sa main droite dans le trou et la retira pleine de pièces d'or.

Il posa sa lampe sur le parquet et plongea ses deux mains.

Alors ce furent des cascades éblouissantes qui ruisselèrent entre ses doigts, — car aux pièces d'or de tous pays et de toutes monnaies, — de toutes époques, — se mélangeaient des diamants, — des rubis, — des émeraudes, — des topazes, — des perles, — tout ce qui constitue enfin ces trésors que les avares voient dans leurs rêves les plus enivrants.

Une demi-heure se passa à ce jeu auquel le vieillard mettait une action frénétique.

Les pièces, — les diamants, — les pierres, — les perles glissaient entre ses doigts, — tombaient, — retombaient en jetant les feux les plus éclatants, — mais sans produire le moindre bruit, — le plus léger tintement.

C'est qu'à ces richesses inouies était mélangé un son fin, — léger, — qui, — enveloppant or et bijoux, — les faisait retomber sur une couche épaisse et moelleuse.

M. Gaspard se tenait là, — à genoux, — le cou penché en avant sans paraître éprouver la moindre fatigue.

Son corps demeurait immobile : ses mains seules agissaient.

Toute sa vie, — toute son intelligence, — toutes ses passions étaient passées dans son regard fiévreux.

Il semblait se fasciner lui-même en faisant miroiter, sous les rayonnements de la

lampe, — cet assemblage fabuleux de richesses énormes.

Il poussait des soupirs étouffés et la joie
la plus délirante se lisait sur sa physionomie.

Huit heures sonnèrent.

M. Gaspard tressaillit.

Les mains ouvertes et renversées laissèrent
échapper les dernières pièces d'or et les derniers diamants.

Il demeura une minute en contemplation
devant ce trésor.

Puis, — il rabaissa les briques, — reprit
sa place dans la cheminée, — fit jouer sans
doute, — en sens contraire, cette fois, — le
ressort qu'il avait touché précédemment.

Il se releva, — abaissa sa lampe afin de
s'assurer qu'aucune trace révélatrice ne res-

lait de l'ouverture mystérieuse, — et il replaça le devant de cheminée.

Comme il reposait sa lampe sur le bureau, — un léger coup retentit à la porte d'entrée.

M. Gaspard passa dans la première pièce, — ouvrit un petit vasistas grillé pratiqué dans l'épaisseur du bois de la porte et permettant de reconnaître le visiteur avant de l'introduire, — puis il ouvrit.

Deux hommes entrèrent, — saluèrent et pénétrèrent dans l'antichambre.

M. Gaspard referma la porte.

Les deux hommes, — sur un signe du vieillard, — passèrent dans la seconde pièce formant bureau.

La lumière de la lampe les éclairait en plein.

L'un était M. Lécrou, — l'autre M. Lacassette.

L'homme d'affaires portait, — sous le bras, — un énorme rouleau de papier.

— Asseyez-vous! — dit le vieillard.

Les deux hommes prirent des siéges, —

M. Gaspard s'installa dans son vieux fauteuil.

— Qu'est-ce que cela? — dit-il en désignant le rouleau.

— Les comptes, — répondit Lécrou.

— Ils sont à jour?

— Oui.

— Tous?

— Tous, depuis le premier jusqu'au dernier.

— Vous les avez examinés?

— Oui!

— Sont-ils bons ?

— Excellents !

— Ainsi l'opération fructifie de jour en jour ?

— Elle est de plus en plus splendide.

— Il y a bénéfice ?

— Magnifique !

— Combien ce mois-ci ?

— Deux cent quatre vingt mille francs.

— Bien !

— Voulez-vous examiner en détail ?

— Tout à l'heure.

Lécrou avait déroulé le rouleau et posait les papiers ouverts devant le vieillard.

— La femme ? — reprit le vieillard.

— Je l'ai ! — répondit Lécrou.

— Celle dont on m'avait parlé l'autre jour au café ?

— Oui.

— C'est ce qu'il me faut ?

— Tout à fait.

— Vous en êtes sûr?

— Parfaitement sûr, j'ai examiné, scruté, fouillé avec un soin extrême.

— Quand me l'enverrez-vous ?

— Demain.

— Pas ici ?

— Non ! là-bas !

— Comment se nomme-t-elle ?

— Eulalie.

— Eulalie... quoi ?

— Elle n'a pas d'autre nom ou du moins je ne lui connais que celui-là, et à mes questions à cet égard, elle a répondu qu'elle ne pouvait en dire davantage.

— C'est donc un enfant perdu ?

— Il paraîtrait.

— Très-bien !

Il se fit un silence.

— Et les deux hommes ? — reprit M. Gaspard.

— Nous en tenons un, — dit Lécrou.

— Où est-il ?

— A Mazas.

— En prison ?

— Oui !

— Pourquoi ?

— Sous l'inculpation d'escroquerie et de faux.

— Je n'en veux pas ! Êtes-vous fou, de m'adresser un coupable ?

— Il est innocent.

— Un procès le stigmatisera.

— Oui s'il a lieu, — mais il n'aura pas lieu.

— Comment ?

— Nous l'avons fait arrêter pour le tenir entre nos mains, nous avons les preuves de son innocence.

Nous seuls pouvons les fournir, ces preuves.

Lui est incapable de les donner. S'il consent à faire ce que nous voulons qu'il fasse, — il ne sera pas jugé, car il y aura une ordonnance de non-lieu rendue sur les témoignages authentiques, — incontestables, — irrécusables de son innocence.

Si au contraire il refuse, — il sera jugé et condamné.

Donc il acceptera.

— C'est évident si cela est ainsi, — dit le vieillard.

— J'en réponds !

— Alors, je pourrai le voir ?

— Dans quelques jours.

— Très-bien.

— Dès qu'il sera libre, nous l'enverrons... là-bas !

— Non, ici !

— Ah ! vous voulez...

— Oui.

— Vous serez obéi ! — dit Lacassette.

Lécrou demeura immobile.

Le vieillard fit un signe de tête affirmatif, — puis il se leva et alla prendre un gros registre garni d'une serrure fermant à clef.

— Voyons nos comptes, maintenant, —
dit-il.

Et prenant une clef dans sa poche, — il
fit jouer la serrure de cuivre.

Le registre s'ouvrit.

Le vieillard tourna lentement la première
page.

Sur cette première page étaient écrits en
très-gros caractère ces mots :

MYSTÈRES DU MONT-DE-PIÉTÉ.

— Commençons ! — dit le vieillard en
tournant plusieurs feuillets du registre re-
couverts d'une écriture fine et serrée.

Lécrou et Lacassette approchèrent leurs
siéges.

— Le relevé du mois dernier ? — dit Lécrou.

— Oui, — répondit le vieillard.

—Interrogez !

— C'est cela !

Lécrou prit les papiers qu'il avait apportés.

III

Les comptes.

— Affaire Dorcy ! — dit le vieillard.

— Une bague en diamant, — répondit Lécrou en suivant de l'œil le papier qu'il tenait. — Vendue trente louis à Max Dorcy par Lacassette. — Engagée par Tata Maryland pour sept louis. — Lacassette a racheté la reconnaissance dix francs. — La bague est dégagée. — Total : quatre cent vingt-sept francs cinquante-cinq centimes de bénéfice net.

— Bien.

— La même bague. — dégagée, — revendue à Rosine, — comme occasion, — quatre cent quatre-vingts francs, — revendue par elle à madame Frémichon pour cent quatre vingt-cinq francs. — Soit deux cent quatre-vingt-cinq francs à notre profit.

— Ensuite?

— Encore la même bague, — revendue le même mois au père Guilloché pour une actrice des Folies-Dramatiques : trois cent cinquante francs.

— C'est tout?

— Oui, — l'actrice l'a encore.

— Combien avait coûté la bague?

— Cent quatre-vingt-dix-sept francs, à la dernière vente.

— Total?

— Comme bénéfice?

— Oui.

— Quatre cent vingt-sept, cinquante-cinq d'une part. — Deux cent quatre-vingt-quinze d'autre part, — et trois cent cinquante en dernier lieu. — Soit mille soixante-douze, cinquante-cinq, — ce qui donne de bénéfice, en un mois, huit cent soixante-quinze, cinquante-cinq.

— Bien !

— Vous êtes content?

— Oui.

— Tant mieux.

— Après ?

— Quelle affaire ?

— L'affaire Henri de Ribes ?

— Son emprunt ?

— Oui.

— Voilà la chose, — numéro douze ! — M. de Ribes avait besoin de cinq mille francs qu'il voulait emprunter. — Il s'est adressé à moi, — je l'ai envoyé à Lacassette. — Celui-ci lui a fait vendre des diamants pour huit mille cinq cents francs. — Il les a fait engager pour quatre mille deux, et il a racheté la reconnaissance trois cents francs. — Total, — avec le dégagement et les frais : trois mille quatre cents de bénéfice net.

— Passons.

— Quelle affaire ?

— La grande.

— Celle de Grandier ?

— Oui.

— Vous voulez les détails ?

— Sans doute ! — Raymond a dû vous les donner.

— Les voici. Feuillet 36. — Mais voulez-vous que je vous lise le rapport fait ?

— Oui.

— Ce sera long !

— Qu'importe ! Je veux tout entendre.

— Le comte de Grandier, commença Lécrou, — a soixante-dix-sept ans, — il habite Melun, et il possède une fortune incon-nue...

— Que je connais, — interrompit le père Gaspard.

— Et qui é'élève à ?...

— Quinze millions !

— Quinze millions !

— Oui ! Deux en propriétés foncières, dix en diamants et en pierreries, et trois en numéraire enfoui.

— Comment savez-vous ?

— Je le sais !

— Ah !

— Après ! Que dit le rapport ?

— Que M. de Grandier est fou, ou à peu près.

— Il a une monomanie : celle de se croire père d'une nombreuse famille, et il est veuf et sans enfants, mais cela ne constitue pas un cas de folie, et la preuve...

— La preuve, — interrompit Lécrou, —

c'est que vous, son seul parent, avez essayé de le faire interdire sans pouvoir y parvenir.

— Et il me déteste, et ne saurait me voir.

— Pas plus que Raymond.

— Après?

— Le comte vit seul, — avec deux domestiques...

— Qui nous sont dévoués.

— Cela est vrai.

— Combien a-t-on coté ce dévouement à mon profit?

— Cinq mille francs !

— C'est peu. Enfin ! continuez.

— Il faut développer le projet de Raymond?

— Naturellement. — Je vous écoute.

— Eh bien ! — dit Lécrou, — pour s'approprier les quinze millions du comte, il faudrait contenter sa manie, — donner raison à sa folie.

Il faudrait, — persuadé qu'il est qu'il a des enfants, — lui faire voir ces enfants et par conséquent les créer.

Il parle sans cesse de ses deux filles et de ses deux garçons.

L'aîné des garçons aurait trente et un ans, — le second, — toujours selon le comte, — aurait vingt-sept ans.

L'aînée des filles aurait vingt-neuf ans.

— La dernière vint à peine.

Est-ce bien cela?

— C'est cela ! — dit le vieillard.

— Le comte, — poursuivit Lécrou, — n'a pas un seul parent, — que vous, — qui

êtes un cousin éloigné ; — son bien, — s'il
ne le donne pas aux enfants qu'il rêve avoir,
— il le laissera aux pauvres, — son testament est fait.

— C'est ce testament qu'il faut faire briser.

— Naturellement.

— Ensuite ?

— Le comte est persuadé que des circonstances extraordinaires l'ont forcé à être sé-
paré de ses enfants.

— Oui, — dit le vieillard en détournant
la tête comme s'il eût voulu chasser une
pensée douloureuse.

— Donc, — reprit Lécrou, — posons
nettement la situation. — Le comte de Grandier, — s'imaginant avoir été jadis la proie
d'intrigants, et la victime d'un guet-apens,

— le comte de Grandier est convaincu que ses enfants lui ont été enlevés il y a vingt-deux ans.

Il est également convaincu qu'aucun d'eux n'est mort et que tous existent.

En conséquence, — il attend le retour de ces enfants et il a entrepris de les faire rechercher.

— Recherche dont Raymond s'est chargé, — dit le vieillard.

— C'est bien cela !

— Continuez !

— Sur tout autre point que celui de cette paternité, le comte raisonne fort juste et sa folie ne saurait être prouvée, — donc il a libre exercice de ses droits. — Donc tous ses actes sont valables.

— Sans doute aucun.

— Son testament fait en faveur des pauvres est déposé chez son notaire, mais, — d'après une clause toute spéciale, — il se réserve le droit de casser ce testament par un acte postérieur, — dans le cas où il testerait en faveur de ceux qu'il recherche.

— Bien !

— Notez que, — par suite d'une circonstance dépendante nécessairement de sa folie, — le comte n'a pas écrit qu'il pouvait tester en faveur *de ses enfants*, — mais seulement en faveur de *ceux qu'il recherche*.

Le mot : *enfant* n'est pas prononcé dans toute la teneur de l'acte.

Le comte s'imagine que s'il prononçait ce mot, — il attirerait sur ses enfants prétendus toutes sortes de malheurs et de dangers.

— Donc, — dit le père Gaspard, — si le comte teste en faveur de quelqu'un, — ce quelqu'un deviendra son héritier sans qu'une contestation soit possible.

— Naturellement.

— Donc, — ce qu'il nous faut c'est trouver deux hommes et deux femmes, ayant chacun l'âge attribué par le comte à ses prétendus enfants.

— Oui.

— De lui expédier ces quatre soi-disant rejetons, — égarés jusqu'alors, — et de les faire reconnaître moralement par lui.

— Très-bien.

— De lui faire faire un testament nominatif en faveur de chacun d'eux, — sans que par ce testament il se déclare leur père, — on redoublerait les craintes que sa folie lui impose en achevant de lui persuader que ses enfants seraient voués à tous les maux, si leur identité était démontrée.

— Parfaitement.

— Le vieillard, — convaincu qu'il a retrouvé ses deux fils et ses deux filles, — teste en leur faveur...

— Il annule, — par le fait, — le précédent testament...

— Et ses quinze millions sont laissés à ses prétendus enfants, qu'il désigne sous leur nom sans les qualifier.

— Dès lors les quinze millions échappent aux pauvres, et tombent dans les mains des enfants...

— Qui les rejettent dans les nôtres.

— C'est toujours bien cela !

— Vous voyez que le plan est clair, — précis, — et qu'on n'y a rien changé.

— Oui.

— Maintenant, — dit Lacassette qui n'avait point encore parlé, — il faudrait...

— Quoi ? — dit Lécrou.

— Que le vieillard mourût presqu'aussitôt qu'il aurait testé.

— C'est vrai.

— Le comte est vieux ! — dit le père Gaspard.

— Quel âge ?

— Soixante-dix-sept ans.

— Oui, — dit Lacassette, — on meurt vite à cet âge.

— Et facilement surtout, — ajouta Lécrou avec un sourire.

— Cela est vrai.

— Seulement..,

— Quoi encore ?

— Il ne faudrait pas que les enfants supposés fussent libres de nous jouer, le moment venu.

— On leur liera les mains !

— Il faut qu'ils les aient liées dès maintenant, — dit le vieillard.

— C'est pour cela que la chose est difficile.

— Mais ceux dont avait parlé Raymond ?

— Lambert d'Arcourt et le vicomte de Launay ?

— Oui.

— Le vicomte est mort !

— Ah !

— Et Lambert est à Mazas, ainsi que je vous le disais. Celui-là est à notre merci.

— Bien. Les femmes maintenant?

— Eulalie d'une part, — Adolphine Marescot de l'autre.

— Qu'est-ce que ces femmes? — demanda le père Gaspard.

— L'une est à nous, — nous prendrons l'autre.

— Quand?

— Ces jours-ci.

— Alors vous êtes certain de les tenir?

— On leur fera signer à tous quatre, et d'avance, les papiers constatant leur complicité et les mettant à notre merci.

— Bien!

Un silence suivit ces paroles. Les trois hommes paraissaient absorbés dans un monde de réflexions différentes.

Le vieillard calculait mentalement sans

se préoccuper de la présence des deux visiteurs qu'il avait totalement oubliés.

Lécrou et Lacassette échangeaient de ra-
pides regards, — en désignant de l'œil le
père Gaspard.

Bien évidemment les deux associés rumi-
naient un projet nouveau dont ils n'avaient
pas dit un mot encore, et qu'ils hésitaient
même à proposer.

Le père Gaspard s'était levé.

— C'est bien, — dit-il, — tout est convenu maintenant, — nous nous reverrons
après-demain, vous préviendrez Raymond,
j'ai à lui parler.

Lécrou et Lacassette se levèrent, — ils
hésitaient encore, — enfin Lécrou s'avança.

— Pardon, — dit-il, — mais nous avons
encore à vous parler.

— De l'affaire? — dit le vieillard.

— Oui, — de l'affaire en général et des nôtres en particulier.

— Des vôtres?

— Non, — des *nôtres*.

Lécrou appuya sur ce dernier mot en enfermant, — par un geste, — les trois hommes dans un même cercle.

Le vieillard reprit sa place.

— Parlez! — dit-il, — que voulez-vous?

— Vous proposer une chose, — dit carrément Lécrou en s'asseyant également.

— Laquelle?

— Nous passer de Raymond!

— De Raymond?

— Oui.

— Comment?

— En le mettant en dehors de nos opérations par rapport à l'affaire Grandier.

— Mais...

— Permettez, — Raymond de moins, — nous ne sommes que trois. Donc cinq millions chacun ; — si Raymond prend sa part, — nous perdons douze cent cinquante mille francs chacun.

— C'est clair ! — dit Lacassette.

— C'est évident, — fit le vieillard.

— Vous comprenez ?

— Après ?

— Débarrassons-nous de Raymond et gardons l'affaire pour nous seuls.

— Mais...

— Quoi ?

— Raymond sait tout.

— Que nous importe ! Le point essentiel

c'est que, — sachant tout, — il soit contraint à se taire.

— Se taira-t-il?

— Il le faudra.

— Ensuite...

— Quoi encore?

— Raymond avait choisi les quatre per-
sonnages en question. Il les connaît.

— Et ils le connaissent, — interrompit Lécrou, — c'est ce qui fait sa faiblesse.

— Comment?

— Lambert d'Arcourt est l'ennemi mor-
tel de Raymond. Il le hait, — le méprise,
— le déteste, et il faudra employer les
moyens les plus énergiques pour le con-
traindre à servir les projets de celui qui a
été la cause de sa perte.

— C'est possible.

— Le vicomte s'est brûlé la cervelle, et Raymond a été la cause de cette catastrophe.

— Mais les femmes?

— L'une, — Adolphine, aime Lambert, — Raymond a été la cause invisible mais positive du mariage d'Adolphine avec un homme qu'elle n'aimait pas. Elle hait Raymond presqu'autant que d'Arcourt le hait.

— Et l'autre?

— Eulalie? — C'est la femme de Raymond.

— Sa femme?

— Oui, — et il y a même une histoire à cet égard que je vous raconterai plus tard, — à vous, — le frère de feu madame Benoît.

— Comment? — dit le vieillard étonné.

— Quand le moment sera venu vous saurez tout. Pour le présent, — je ne puis vous dire qu'une chose : c'est que le vicomte de Launay, — qu'on croit mort, — ne l'est pas.

Le père Gaspard releva la tête.

— Ah ! ah ! — fit-il.

— Oui. Je suis certain qu'il vit. — Or tous ces gens que Raymond a poussés dans l'abîme, — nous pouvons les avoir pour nous quand nous voudrons. J'ai mon plan, — mes moyens d'action, — tout ce qu'il faut. Seulement, — voulez-vous, — oui, — ou non, — vous passer de Raymond ?

Le vieillard parut hésiter.

— Oui, — dit-il enfin, — si la chose se peut.

— Elle est possible.

— Alors faites !

— Vous nous donnez carte blanche ?

— J'y consens, — à une condition !

— Laquelle ?

— Que vouliez-vous dire avec cette histoire qui semblait avoir rapport à ma sœur ?

— Vous le saurez !...

— Quand ?

— Quand il le faudra, — dans huit jours
si vous le voulez.

— Mais enfin...

Lécrou se rapprocha du père Gaspard.

— Votre sœur est morte empoisonnée, —
dit-il. — L'une de vos nièces a été assassi-
née, bien que sa mort ait été mise sur le
compte d'un suicide. Vous savez cela ?

— Oui, — dit le vieillard en pâlissant.

— L'autre nièce a disparu. Elle a été enlevée.

— Oui.

— L'auteur du rapt a été l'auteur des deux assassinats.

— Hein ?

— Voulez-vous connaître son nom ?

— Mais ce garçon épicier...

— Il était innocent. Il vit, — il existe, — et je puis lui donner les preuves de son innocence.

— Il vit ! Où est-il ?

— A Paris.

— Comment se nomme-t-il ?

— Auguste.

— Que fait-il ?

— Rien qui vaille. C'est un vaurien. La société des prisons l'a perdu,

—Le nom du coupable? — dit le vieillard d'une voix rauque.

— Donnez-nous votre parole de nous laisser agir dans l'affaire de Grandier à notre guise. — Donnez-nous votre parole de laisser écarter Raymond sans le prévenir, et je vous jure que ce nom je vous le dirai.

— Quand?

— Dans huit jours!

— Où?

— Ici! à pareille heure.

— Bien!

— Vous jurez?

— Je jure! — dit le vieillard en étendant la main.

Lécrou et Lacassette échangèrent un regard de triomphe.

Tous deux saluèrent le vieillard et se dirigèrent vers la porte.

Le père Gaspard les reconduisit machinalement.

Quand il fut seul, — il revint dans la pièce où venait d'avoir lieu la scène précédente, et, — levant les bras au ciel :

— Moi qui m'accusais! — dit-il, — ah! le nom de cet homme! Il me le faut!

— Vous l'aurez! — dit une voix claire.

Le père Gaspard frissonna et se retourna.

— Raymond! — dit-il en voyant un homme debout devant lui.

— Moi-même, mon très-cher, — répondit Raymond avec son aisance habituelle. — Ah! — vous complotez contre moi avec Lécrou et Lacassette? — Il est temps, ce me semble, que je vous prouve que je veille à mes affaires.

Si vous avez ce logement, — père Gaspard, — j'ai, moi, celui d'à côté. J'ai arrangé les choses pour qu'on entende de là, — tout ce qui se dit ici ! — Vous comprenez ?

Lécrou et Lacassette sont fins, — mais je suis plus malin qu'eux ! Bravo ! comme on me jouait ! Ce pauvre Raymond ! quel niais !

— Le nom de l'assassin ! — s'écria le vieillard.

— Je vous le dirai ! — fit Raymond, — mais il faut que nous causions, — père Gaspard. — Ah ! ah ! j'ai su trouver les secrets de votre serrure, hein ? Cela vous étonne ! Allons, — cher ami, — de vieux complices comme nous ne doivent jamais se trahir. Causons ! Il nous reste à éplucher nos comptes particuliers. Justement voici l'affaire !

Et Raymond attira à lui le gros registre sur lequel était écrit : MYSTÈRES DU MONT-DE-PIÉTÉ.

IV

Le rendu de noce.

Le lendemain de ce soir où Lécrou, Lacassette et le père Gaspard s'étaient enfermés dans le petit appartement de la rue des Blancs-Manteaux, — une autre scène avait lieu dans une maison située non loin du quartier du Temple.

C'est rue Neuve-Saint-Denis que nous prions le lecteur de se transporter avec nous.

Au centre de cette voie étroite et courte, — s'élève une maison d'apparence modeste : c'est dans cette maison qu'habitaient M. et madame Guilloché.

M. Guilloché, — nous croyons l'avoir dit, — était, — de son état, — bimbelotier en gros, demi-gros et détail.

Il avait une boutique au rez-de-chaussée, — des magasins à l'entresol et un appartement au premier.

C'était une bonne maison que celle du papa Guilloché, — de ce *gaillard de père Guilloché*, — ainsi que l'appelaient familièrement ses amis, qui se plaisaient à rappeler ses veuvages nombreux, — souvenir qui fai-

sait sourire agréablement le digne bour-
geois.

Deux fois veuf, — trois fois marié, et
toujours à des femmes jeunes et jolies ! Il y
avait bien là de quoi flatter l'amour-propre
du gros négociant.

Le père Guilloché *gagnait gros* (suivant
l'expression de madame Cuissard), il était
avare, mais cependant il se plaisait, — parfois, — à donner à ses amis des dîners suc-
culents.

C'est que, — s'il était avare, — M. Guilloché était en même temps d'une vanité
excessive, et il justifiait pleinement le pro-
verbe qui dit : *Rien n'est tel qu'un vilain lorsqu'il se met en train.*

Quand le père Guilloché se mettait en
train, — il ne s'arrêtait pas, et il souffrait

encore moins que les autres s'arrêtassent.

— *Poupoule*, — avait-il dit l'avant-veille à sa femme, — Anténor Marescot revient après-demain matin de son voyage; je prétends fêter sa *bien revenue* et lui rendre son dîner de noce. — J'ai fait mes invitations en conséquence.

— Qui as-tu invité? — demanda madame Guilloché.

— Mais, Anténor et sa femme d'abord. — J'ai prévenu Adolphine.

— Bien! Cela fait deux.

— Puis Buchené et la mère Marescot.

— Quatre!

— Cuissard et son épouse.

— Six! Ensuite?

— Pingoin et sa moitié!

— Huit! Après?

— Les Actéon au complet.

— Trois! Le père, — la mère, — le fils !

— Cela fait onze et nous deux treize ! mauvais compte. Jamais je ne me mettrai à table !

— Rassure-toi !

— Tu en as invité d'autres?

— Oui.

— Qui ?

— Mademoiselle Pigrillard.

— Quatorze.

— Blémard, sa femme, sa fille, sa nièce et sa tante.

— Ah ! mon Dieu ! — fit madame Guilloché.

— Cela fait dix-neuf !

— Dix-neuf ?

— Oui !

— Mais, où veux-tu les mettre ?

— Dans la salle à manger, — Poupoule.

— Ils y tiendront tous !

— Mais, — tu rêves !

— Pourquoi ?

— Jamais on ne tiendra !

— Mais si !

— Mais non !

Tiens ! tu vas recommencer comme à l'ordinaire ! Quand tu veux donner un dîner, tu invites trois fois plus de monde qu'il n'en peut tenir à ta table ! — La dernière fois, — on était tellement serré que les chaises se touchaient, et que le petit Actéon a été obligé de manger sur ses genoux !

— Bah ! plus on est serré, — plus les hommes sont aimables !

— Mais cela froisse les toilettes !

— Les femmes n'ont qu'à mettre moins de crinoline.

— Tu es fou d'inviter ainsi sans me prévenir !

— Ah ! voilà donc le grand mot lâché !— Dis-le donc tout de suite ! — Tu n'as crié si fort que parce que j'ai agi sans ta permission !

— Et tu as eu tort !

— Je ne trouve pas !

— Mais si !

— Mais non !

— Ah çà ! est ce que je ne sais pas ce que je fais ?

— Non ! Il n'y a pas de bon sens à inviter ainsi tant de monde ! Dix-neuf personnes et je n'ai qu'une bonne ! Comment Fanchette fera-t-elle ?

— Tu l'aideras !

— C'est cela ! je serai de corvée !

— Je t'aiderai aussi.

— Oui ! je te connais ! Tu iras à la cave, et ce sera tout. — D'ailleurs, j'aime mieux que tu ne viennes pas tatillonner dans la cuisine.

— Dis tout de suite que je ne suis bon à rien !

Madame Guilloché haussa les épaules sans répondre.

Pour le moment, — la discussion en resta là, — M. Guilloché s'en fut à ses affaires et madame Guilloché aux siennes.

Ce qu'il y a d'avantageux dans les ménages occupés, — dans les unions dont la base est la tenue des livres en partie double, — c'est que, — les instants de tête-à-tête étant rares, — les querelles entre époux sont, — par le fait, — moins nombreuses.

C'est ordinairement à l'heure des repas, — durant l'instant du dîner surtout, alors que les affaires sont *coulées* pour la journée, — que la dispute brille dans tout son éclat.

Parmi les ménages, — réputés pour *être bons*, — il en est bien peu qui, — durant cette heure du dîner, — au moment de la réunion intime, — ne voyent le repas régulièrement troublé par quelque discussion acrimonieuse.

C'est là où l'on se dit ce que l'on nomme, — *son fait*, c'est durant le dîner que l'on s'entête, — que l'on se fâche, — que l'on se dispute.

M. et madame Guilloché se retrouvèrent donc, — le soir, — à table dans des dispositions assez peu amicales. D'ailleurs, — il s'agissait de débattre le menu du repas à donner, — et il y avait là, — certes, — matière à se livrer aux polémiques les plus vives.

Madame Guilloché commença le feu.

— Veux-tu dépenser beaucoup d'argent? — dit-elle brusquement.

— Dame! — fit Guilloché en se grattant le nez, — le moins possible.

— Oui ! c'est-à-dire que tu veux bien inviter, — mais que tu veux mal traiter.

— Non certes ! — je...

— Oh! tu es fort pour inviter, toi! Quand tu t'y mets, tu ne t'arrêtes pas. Mais quand il s'agit de délier les cordons de ta bourse, tu reviens sur tes premières idées ! Comme c'est agréable ! Tu es gracieux avec les autres, — tu as l'air de leur faire des politesses, — et puis c'est moi qui ai les ennuis.

— Écoute donc ! Il fallait bien rendre ce repas de noces.

— Tu n'avais pas besoin d'inviter tant de monde.

— Puisque c'est fait.

— Ah óui ! c'est encore une de tes idées cela ! *Puisque c'est fait* ! La belle avance ! C'est avec ces idées-là que l'on fait toujours des sottises.

— Madame Guilloché ! Il me semble que je ne fais pas que cela !

— Il me semble que si, à moi !

— Cependant le jour où je vous ai épousée...

— Ah ! ce jour-là, c'est moi qui l'ai faite, la sottise ! je le reconnais.

— Virginie !

— Eh bien quoi !

— Tu t'enlèves comme une soupe au lait ! Est-ce que je te dis des choses désagréables ?

— Il ne manquerait plus que cela !

— Eh bien alors !...

— Voyons, il faut en sortir de ce dîner. Combien voulez-vous dépenser ?

— Je te l'ai dit : le moins possible.

— Ce n'est pas répondre !

— Mais si !

— Fixe un prix !

— Fixe le toi-même !

Madame Guilloché réfléchit, ou, du moins,

— parut réfléchir, — ce qui revenait au même pour son mari.

— Tu as invité dix-sept personnes, — reprit-elle, — et nous deux cela fait dix-neuf. — Tu ne t'en tireras pas à moins de deux cents francs sans le vin, — le pain, — le sucre, — le café et les sirops.

— Bigre ! — fit Guilloché.

— Tu trouves que c'est trop cher ?

— Dame !... oui !

— Il fallait calculer avant d'inviter ! Tout est hors de prix ! on voit bien que tu ne t'occupes pas du marché ! — toi ! — au reste ! — qu'est-ce que cela te fait. Pourvu que tu trouves ton dîner bon, tu ne t'inquiètes guère !

— Mais voyons ! — il me semble.

— Un centime de moins, — je ne me charge de rien !

— Cependant. .

— Tu n'as qu'à tout commander au restaurant.

— Mais cela coûterait le double.

— Cela te regarde.

— Cependant, Virginie...

— Deux cents francs ou je ne m'en mêle pas.

Guilloché étouffa un soupir.

— C'est vrai, — dit-il, — j'aurais dû réfléchir avant d'inviter tant de monde ! — C'est bête de se laisser aller ainsi... Enfin !... puisque c'est fait. Va pour deux cents francs.

— Sans le vin, — le pain, — le sucre,

— le café, — les liqueurs, — les sirops !
— dit vivement madame Guilloché.

— C'est dit !

— Tu ne chicaneras pas ?

— Non !

— D'abord, si tu m'ennuyais, — je ne me mêlerais de rien !

— C'est convenu ! — cria Guilloché.

— Maintenant, — reprit son aimable moitié, — discutons un peu le menu.

— Oui ! qu'est-ce que nous allons leur donner à tous ces gaillards-là !

Ici la discussion recommença de plus belle. — Le soir le dîner était arrêté ou à peu près, — mais les deux époux se regardaient de travers, et Guilloché ne rentra du café qu'à une heure du matin.

Sa femme dormait ou faisait semblant,

— les deux époux ne s'adressèrent pas une parole.

Le lendemain la journée fut orageuse.

Le surlendemain, — le jour où nous sommes arrivés, — Guilloché et sa femme s'étaient levés en disputant. — Au déjeuner, — ils ne se parlaient plus.

V

À six heures toutes les dames étaient arrivées : les hommes seuls faisaient défaut,

Madame Guilloché allait de l'une à l'autre,
— souriait à celle-ci,—plaisantait avec celle-
là, — se montrait aimable, gracieuse et em-
pressée avec toutes : — puis, — de moment
en moment, — elle quittait le salon pour
aller faire un tour à la cuisine et s'assurer
que tout marchait convenablement.

A six heures et demie, — à l'instant de se mettre à table, — ces messieurs firent leur entrée dans le salon. — Anténor était avec son beau-père.

Le jeune et maigre époux d'Adolphine était peu changé, et le voyage qui, — prétend-on, — forme les hommes, n'avait ni formé ni déformé Anténor.

C'était toujours le même air gauche et ridicule, — la même tournure embarrassée, — les mêmes regards timides, — la même niaiserie enfin qui faisait bondir la respectable madame Marescot, *la mère* (ainsi qu'on la nommait depuis qu'elle avait une bru).

— Virginie ! — avait dit M. Guilloché en entrant, — il faut mettre deux couverts de plus !

— Hein ? — fit madame Guilloché en se retournant.

— Je te dis de faire mettre deux couverts de plus ! — répéta son mari.

— Où ?

— A table, parbleu !

— Tu veux que je mette deux couverts ?

— Oui.

— Mais il n'y a plus de place !

— Bah ! on se serrera ! N'est-ce pas, mesdames !

— Tu as donc invité quelqu'un ?

— Deux aimables convives !

— Mais...

— Plus on est de fous, plus on rit ! — Nous avons rencontré au café M. Raymond et M. David, — tu sais, — les propriétaires de Buchené, — les protecteurs d'Anténor ?

—Deux hommes charmants,—deux hommes riches. — Ma foi ! je les ai invités sans cérémonie et ils ont accepté de même. — Ils seront ici à six heures trois quarts ! — Vite, deux couverts, *Poupoule* !

Madame Guilloché se pinça les lèvres. — La présence de ses invités l'empêchait de laisser exhaler l'impatience que le surcroît de convives lui causait.

Elle quitta le salon et passa dans la salle à manger.

— Ah ! — dit-elle, — il faudra faire une petite table ! On y mettra le père Actéon avec les enfants. Il est bon pour cela, — lui.

La nouvelle que Raymond, — le beau monsieur de la noce, — et son beau-frère, — Julien David, — allaient prendre leur part du dîner, — fit sourire les dames, — à l'exception d'Adolphine.

Celle-ci était devenue très-pâle et n'avait caché, — qu'avec peine, — l'émotion pénible qu'elle avait ressentie.

A l'heure dite, — les deux derniers invités firent leur entrée dans le salon et l'on se mit à table.

Raymond, — soit hasard, — soit préméditation de sa part, — était assis à côté d'Adolphine.

Durant le premier service, — il se montra affable, empressé, — plein d'égards pour la jeune femme, et il ne s'échappa pas de ses lèvres un seul mot qui pût inquiéter Adolphine.

— A propos, — dit madame Cuissard à laquelle Julien David parlait bas avec animation depuis quelques instants, — vous rappelez-vous, — monsieur Buchené, — ce jeune homme qui demeurait dans votre maison ?

— Quel jeune homme ? — demanda Buchené.

— Le petit d'en haut ? — dit Anastasie.

— Oui.

— Vous rappelez-vous, Adolphine ?

Et la vieille fille lança un mauvais regard à la jeune femme.

— M. Lambert ? — dit Buchené.

— Oui.

— Eh bien ?

— Vous ne savez pas ce qui lui est arrivé ?

— Non !

— Il est arrêté !

— Arrêté! — s'écria-t-on.

— Arrêté! — répéta Adolphine

— Oui.

— Comment?

— Il a été pris par la justice, — dit madame Cuissard, — c'est M. David qui vient de me l'apprendre.

— Arrêté! M. Lambert! — disait Buchené.

— Qu'est-ce qu'il a donc fait? — demanda Pingoin.

— Des vilaines choses!

— Mais quelles choses?

— Dame! je ne sais pas au juste! — Demandez à M. David.

— Oh! je suis au courant de l'affaire, — dit Raymond, — et je crois que Lambert pourra s'en tirer.

— Qu'est-ce qu'il avait donc fait ? — demanda Cuissard.

— Il était à la tête, autrefois, d'une entreprise tombée depuis en faillite. Il paraît qu'il y a eu malversation, — écritures mal passées.

— Et où est-il ?

— Qui ?

— Ce M. Lambert ?

— A Mazas.

— A Mazas ! — répondit Adolphine.

Raymond se pencha vers elle :

— Vous pouvez le sauver, — murmura-t-il.

Puis il ajouta en s'adressant aux autres personnes :

— C'est un charmant garçon que ce Lambert d'Arcourt et je regrette fort, — pour ma part, — qu'il se trouve mêlé à tout ce tripotage, — mais j'espère qu'il s'en tirera.

La conversation continua et, — le dîner aidant, — devint tellement bruyante, que l'on eut bientôt peine à s'entendre.

— Voulez-vous sauver Lambert! — dit vivement Raymond en se penchant vers sa voisine.

Adolphine ne répondit pas.

— Vous ne l'aimez plus?

— Monsieur !

— Je vous avais bien dit que je le perdrais !

— Monsieur ! — fit encore Adolphine avec un sentiment de dégoût auquel Raymond ne put se méprendre.

— Il est perdu ! — tout à fait perdu. — Il dépend de moi de le faire passer en jugement.

J'ai des preuves ! ces preuves, — moi seul les connais.

Il dépend de vous que je les anéantisse, et alors Lambert est libre.

Il dépend de vous que je les envoie au parquet du procureur impérial, et Lambert sera perdu. »

Adolphine leva ses grands yeux. Elle regarda fixement Raymond.

Ce qu'elle lut sur le visage de cet homme la convainquit sans doute qu'il disait vrai, car elle se pencha vers lui.

— Qu'exigez-vous ? — dit-elle d'une voix frémissante.

— Presque rien ! — répondit Raymond.

— Quoi ?

— Une chose qui, d'abord, vous sera agréable, — j'en suis certain.

— Quelle chose ?

— Feindre ce soir une indisposition qui éloigne votre mari.

— Comment ?

— Sous prétexte de l'envoyer chercher un médecin.

— Je ne comprends pas !

— Il est inutile que vous compreniez.

— Mais...

— Il faut que ce soir, — ici, — vous soyez tellement souffrante, qu'Anténor aille quérir le docteur.

— Ensuite ? — demanda Adolphine au milieu du bruit général.

— Ensuite... vous rentrerez chez vous, puis demain matin à onze heures, j'irai vous prendre et nous irons ensemble chez moi !

— Moi ! chez vous !

— Il le faut !

— Mais...

— Lambert ne peut être sauvé que par ce moyen.

— Comment sortirai-je ?

— Avec moi, — vous dis-je.

— Mon mari... ma belle-mère...

— Ne diront rien. — J'aurai tout prévu ! Ce qu'il faut seulement c'est que vous soyez indisposée gravement ce soir. Le promettez-vous ?

Adolphine ne répondit pas. — Raymond la regarda, — puis il se retourna et entra en conversation avec madame Guilloché placée à sa gauche.

. . . .

A l'instant précis où Raymond faisait à

Adolphine la singulière proposition que nous venons d'entendre, — presqu'à l'autre bout de Paris, — avait lieu une scène à laquelle nous devons faire assister le lecteur, — car bien que jouée à une grande distance, — elle se lie trop étroitement à celle que nous venons d'esquisser.

Dans une pauvre maison de la place de La Borde, — dans un logement délabré, — mais propre, — une pauvre femme était assise sur un maigre tabouret.

Devant elle se tenait un homme, — le corps recouvert d'un ample paletot au collet relevé.

Cette femme c'était Eulalie. L'homme était M. Lécrou.

— Ce que je vous propose est parfaitement clair, — disait Lécrou, — et vous ne pouvez hésiter à l'accepter.

— Mais ce que vous voulez que je fasse est une infamie ! — s'écriait Eulalie.

— Qu'en savez-vous ?

— Ce papier le prouve.

— Comment ?

— Par ce qu'il contient, — par ce que vous voulez que je signe.

— Où diable voyez-vous une infamie là dedans ?

Et Lécrou prenant sur une mauvaise table un papier que venait d'y jeter Eulalie, le plaça près de la chandelle qui éclairait le misérable logis.

« *Je reconnais,* — lut-il à voix haute, — *agir dans l'affaire Grandier de mon plein gré et par dévouement pour le sieur Raymond, mon mari. Je reconnais tous mes torts envers lui, et c'est dans l'espérance qu'il me pardonnera que je fais ce que personne ne saurait me reprocher un jour, car je ne nuis à personne. Je déclare, — en outre, — savoir qu'aucun lien de parenté ne m'unit au comte de Grandier. »*

— Eh bien ! — fit l'homme d'affaires après avoir achevé, et en regardant Eulalie, — quel inconvénient y a-t-il à ce que vous signiez cela?

— Il y a là-dessous une infamie ! — répondit la jeune femme.

— Encore ?

— J'en suis sûre !

— C'est-à-dire que vous supposez, et pourquoi supposez-vous ?

— Parce que vous proposez, — vous !

— Oh ! les grandes phrases !

— Dites les grandes vérités.

Lécrou haussa les épaules, — attira à lui une chaise et prit place avec une imperturbable aisance.

— Expliquons-nous donc, — ma chère dame, — dit-il en croisant ses jambes l'une sur l'autre. — Expliquons-nous nettement, — clairement, définitivement.

Ce que je vous propose est bien simple, et, — je le répète, — vous ne pouvez hésiter à l'accepter.

D'une part, vous ne nuisez à personne, — vous ne faites de tort à qui que ce soit.

D'autre part, — vous obéissez à l'injonction que votre mari m'a chargé de vous imposer.

D'ailleurs, qu'êtes-vous venue faire chez moi dernièrement ?

Me demander une place ? Eh bien ! —cette place existe, — je l'ai trouvée, — elle est à votre convenance, — je la tiens à votre disposition, — acceptez ! Je ne fais, — en tous cas, — que répondre à votre supplication.

— Je voulais une place honorable ! — dit Eulalie.

— Celle-ci l'est sous tous les rapports. M. de Grandier est un homme charmant. Il a des manies ! Qui n'en a pas ? Il a une folie ! celle de se croire père. Contentez cette folie en vous faisant passer pour sa fille.

N'est-ce pas une bonne action ? Qui pourrait trouver à redire à cela !

— Le but que j'ignore et qui vous fait agir doit être horrible.

— Supposition pure et simple.

— Certitude !

— Mais non !

— Du moment que M. Raymond est l'auteur de ce plan...

— Vous refusez !

— Oui.

— Nettement ? fermement ?

— Très-certainement.

Lécrou se leva, — repoussa sa chaise et tourna sur ses talons.

— Alors, — reprit-il en regardant Eulalie, il est inutile que j'insiste ?

— Tout à fait inutile ! — dit la jeune femme.

— Très-bien !

— Adieu, monsieur !

Lécrou salua, — se dirigea vers la porte, — et parut vouloir quitter la chambre.

— Mais, — soudain, — il s'arrêta comme obéissant à une résolution subite.

Il fouilla dans sa poche, — y prit un papier et l'ouvrit lentement en lançant sur Eulalie un regard à l'expression railleuse et froidement cruelle.

Revenant vers la jeune femme, — il lui plaça le papier sous les yeux.

— Voici un extrait d'un gros livre intitulé : LES MYSTÈRES DU MONT-DE-PIÉTÉ, — lui dit-il. — Que pensez-vous de cela ?

Eulalie avança la tête. Elle parcourut du regard le papier tenu à la hauteur de son visage, — puis elle frissonna.

Son visage se couvrit d'une pâleur mortelle, — elle porta les mains à son front et se rejeta en arrière.

— Oh ! — fit-elle avec un sentiment d'horreur inexprimable.

— Vous avez compris ? — dit froidement Lécrou.

Eulalie ne répondit pas.

Lécrou remit le papier dans sa poche, — marcha vers la table qu'il enleva de ses deux mains et il vint la placer devant Eulalie.

Sur cette table était le premier papier dont il avait lu la teneur à la jeune femme, — des plumes et de l'encre.

Sans mot dire, — il poussa le papier devant Eulalie, — prit une plume, — la trempa dans l'encre et la présenta ensuite à la jeune femme.

— Signez ! — dit-il simplement.

Eulalie paraissait en proie à la souffrance la plus vive. Ses mains tremblaient, — ses dents claquaient en s'entrechoquant, — une sueur abondante perlait sur son front.

— Signez ! — répéta Lécrou.

La jeune femme avança la main...

Elle s'arrêta encore...

Puis, avec un mouvement convulsif, — elle prit la plume que l'homme d'affaires lui offrait et elle signa le papier posé devant elle.

Cela fait, — elle se rejeta en arrière et elle éclata en sanglots convulsifs.

Lécrou ramassa le papier, — le balança un instant dans l'air pour faire sécher l'encre fraîche. — Ensuite il le plia minutieusement et le mit dans sa poche.

Il reprit son chapeau, — sa canne, — et il regagna la porte sans saluer.

— Demain, — dit-il, — à dix heures, — soyez prête. Je viendrai vous prendre pour vous conduire chez le comte.

Ces paroles prononcées d'une voix claire et incisive, — il ouvrit la porte et sortit.

Eulalie pleurait toujours et des secousses nerveuses secouaient tout son être.

VI

A minuit.

A minuit, Raymond et Lécrou se rencontrèrent sur le boulevard Montmartre. Sans doute ils s'attendaient mutuellement, —sans doute ils se cherchaient, car, — en s'apercevant, — ils marchèrent vivement l'un au-devant de l'autre sans témoigner la moindre surprise de se trouver face à face.

— Eh bien ? — dit Raymond.

— C'est fait, — répondit Lécrou.

— La petite consent ?

— Oui.

— Elle a signé ?

— J'ai le papier.

— Où est-il ?

— Chez moi.

— Elle a signé sans difficulté ?

— Oh ! que non pas ! Elle a crié, — pleuré,

gémi, — résisté, — mais, — en fin de compte,

— elle a cédé et consenti.

— Très-bien !

— Et vous ?

— J'ai réussi également.

— Adolphine ?

— Sera chez moi demain à dix heures.

Vous pouvez venir la prendre à onze.

— Je la conduirai là-bas?

— Naturellement.

— Et le mari?

Raymond fit entendre un sifflement railleur.

— Maintenant,—fit Lécrou,—reste Lambert d'Arcourt à décider.

— Ce sera pour demain!...

— Vous irez à Mazas?

— Non, — pas moi.

— Julien?

— Non plus!

— Qui donc?

— Vous!

— Moi! — dit Lécrou en tressaillant et
en comprimant une joie manifeste.

— Vous-même! — répéta Raymond, lequel ne parut remarquer ni le tressaillement ni le contentement manifeste !

— Mais vous deviez d'abord...

— J'ai changé d'avis.

— Depuis quand ?

— Depuis ce soir.

— Et alors qu'est-ce que vous avez décidé ? Vous savez que je suis tout à votre entière disposition.

— Je le sais, — répondit froidement Raymond, — croyez que je n'ignore pas jusqu'à quel point je puis compter sur vous !

— Sans doute !

— Vous irez demain à Mazas !

— Bien !

— Je vous remettrai le permis de visite.

— Quand ?

— Demain, dès que vous aurez conduit là-
bas Eulalie et Adolphine. Vous serez chez
le comte à midi. Vous pourrez être revenu
chez moi à une heure.

— Le comte n'est donc pas à Melun ?

— Non. — Il est à Paris.

— Ah ! très-bien !

— Vous reviendrez donc à une heure me
raconter comment se sera passée la présen-
tation des deux jeunes femmes.

— Oui.

— Vous prendrez votre permis et vous
irez trouver Lambert.

— J'irai avec Julien ?

— Non pas ! tout seul !

Lécrou étouffa encore un sourd tressaillement joyeux.

— Vous verrez Lambert, — reprit Raymond, — et vous le déciderez ! Vous vous rappelez ce qui est convenu ?

— Parfaitement.

— Alors à demain.

— J'aurai été prendre Eulalie à dix heures.

— A onze, Adolphine sera chez moi à notre discrétion.

— Faudra-t-il les conduire toutes deux ?

— Oui.

— Ensemble ?

— Il n'y a aucun inconvénient. Le comte est prévenu. Je lui ai fait écrire ce soir et il attend ses filles demain. Seulement ses craintes sont redoublées. Il ne leur parlera pas ! Il les recevra comme des dames de compagnie.

— Bravo,

— Tout est bien convenu ?

— Oui, tout absolument. Nous n'avons rien oublié, j'en réponds !

— Alors à demain !

— A demain.

Les deux hommes se séparèrent sans se serrer la main. Raymond se dirigea vers la Madeleine : l'écrou s'engagea dans la rue du Faubourg-Montmartre.

Mais il n'avait pas fait vingt pas dans cette voie populeuse, aussi animée à minuit qu'à midi, qu'il tourna sur lui-même et revint en courant sur ses pas.

Il franchit rapidement la chaussée du boulevard et continua sa marche vive vers l'Opéra-Comique, tout en regardant attentivement devant lui.

— Pardon ! — fit-il en posant doucement

la main sur l'épaule d'un homme qu'il atteignit au coin de la rue de Richelieu.

L'homme, surpris, — se retourna; — c'é-
tait Raymond,

— Qu'est-ce encore? — dit celui-ci.

— Une réflexion ! — fit Lécrou en reprenant sa respiration embarrassée par la course
rapide qu'il venait d'accomplir.

— Quelle réflexion ?

— C'est au sujet de Lambert.

— Ah !

— Oui, — je voulais savoir si, — en
cas de refus obstiné de sa part, — il faudrait agir.

— Non ! — dit Raymond.

— Alors...

— Il ne refusera pas !

— Vous croyez ?

— J'en suis convaincu. Il ne peut refuser. Il connaît sa situation et il sait ce que nous pouvons.

— Mais si nous ne pouvons pas agir?

— Il n'en sait rien !

— C'est vrai.

— D'ailleurs faites une chose bien simple. Lambert me déteste, c'est pourquoi je vous envoie vers lui et je ne veux pas y aller moi-même. Je ne veux même pas que Julien David paraisse devant lui. Profitez habilement de cette haine qu'il me porte, dites-lui qu'il pourra me nuire en agissant ainsi que nous voulons qu'il agisse...

— Vous croyez que cela le déterminera ?

— Certes ! ne le menacez pas en votre nom. Expliquez-lui la situation en me faisant plus noir que le diable. Il sait ce que je puis contre lui, — il est en prison, — il me hait. Vous venez lui offrir la liberté, — une liberté honorable rendue par une ordonnance de non-lieu, — vous ajoutez à ce bienfait la possibilité pour lui de se venger de moi. Comment voulez-vous qu'il refuse !

— Vous avez raison !

— Vous avez compris ?

— Très-bien, cette fois.

— Alors, agissez !

— Et le père Gaspard ? — dit Lécrou, — approuve-t-il toujours notre plan ?

— Le père Gaspard n'est plus à Paris.

— Bah ! — fit l'homme d'affaires avec stupéfaction.

— Il est parti.

— Quand ? — demanda Lécrou avec un

empressement dénotant toute l'importance qu'il attachait à cette question.

— Il est parti ce matin, — à huit heures, — par le train du Havre.

— Et il reviendra?

— Dans quinze jours !

— Pas avant?

— Non !

— Très-bien !

— A demain, — dit encore Raymond, — et souvenez-vous de mes paroles.

Les deux hommes se quittèrent, — cette seconde fois comme la première, — pour suivre des directions opposées.

— Gaspard parti ! — se disait Lécrou en marchant les deux mains dans ses poches et le nez baissé vers la terre, — pourquoi ce départ si brusque !

A-t-il renoncé à nos projets ? Diable ! mais alors, il nous aurait trahis Lacassette et moi !...

Cependant cela est impossible ! Il s'agissait de douze cent cinquante mille francs à gagner, et on ne sacrifie pas ainsi une pareille somme !

Non ! non ! il ne peut nous avoir trahis ! mais alors... pourquoi est-il parti ? Pourquoi a-t-il quitté Paris ?

Lécrou traversa le boulevard en ruminant ses pensées dans sa tête sans pouvoir trouver de réponse à ses interrogations.

— Le moment est venu ! — cependant, — reprit-il, — et la cause est assez importante pour qu'il veille lui-même au grain !

Comment se fait-il qu'il soit parti après ce qui a été convenu hier soir entre nous !

Comment se fait-il qu'il soit parti subitement ce matin sans nous prévenir, — moi, — ni Lacassette !

Nous devions nous revoir dans huit jours cependant... je lui avais promis de lui livrer le nom du coupable, — de l'assassin de sa sœur et de sa nièce !...

Oh ! si Raymond pouvait supposer que je connais ce secret !... »

Tout à coup Lécrou s'arrêta, — se frappa brusquement le front du plat de la main et un sourire éclaira sa pâle physionomie.

— Sot que je suis ! — dit-il, — imbécile ! —triple brute !... Comment n'ai-je pas pensé à cela et qu'ai-je à faire de me tourmenter ainsi !

Le père Gaspard aura joué Raymond pour le bien de l'entreprise.

Il aura simulé un voyage, — une absence, pour être libre de mieux agir !...

Cela est évident, et je ne sais où j'avais la tête ! Il fallait bien qu'il agît ainsi, sans quoi Raymond eût pu se douter de quelque chose ! Allons ! tout va bien ! je n'étais qu'un niais ! »

Et Lécrou, — relevant la tête, — hâta le pas pour gagner son domicile dont il était alors fort peu éloigné.

Pendant ce temps, — Raymond avait atteint le boulevard des Italiens, sur le trottoir duquel il se promenait lentement, — tout en chantonnant à voix basse un air d'opéra.

Arrivé à la hauteur de la rue du Helder, — il pirouetta sur les talons de ses bottes et il revint sur ses pas :

— Ah! mons Lécrou! — fit-il en souriant de son plus mauvais sourire, — ah! drôle! vous voulez vous jouer de moi et me mettre de côté? Vous avez oublié la fable des *Marrons du feu*, mais je vous jure que je vous remettrai en mémoire sa conclusion philosophique!

A cette même heure, — un groupe composé d'hommes et de femmes, — paraissant tous fort animés, — débouchait par la porte d'une allée et se répandait sur le pavé de la rue Neuve-Saint-Denis.

C'étaient les invités de M. Guilloché qui abandonnaient la maison hospitalière.

Tous étaient présents, à l'exception d'Adolphine, — d'Anténor, — de M. Buchené, — de la mère Marescot, — de Raymond et de Julien David.

Il y avait donc quatorze personnes, — car
Guilloché avait mis son chapeau et était des-
cendu faire un tour pour aller prendre l'air,
tandis que sa femme comptait l'argenterie
avec la bonne.

— C'est surprenant! — disait mademoiselle Pigrillard.

— Étonnant!—ajouta madame Cuissard.

— Incroyable! — renversant! — firent
mesdames Pingoin et Blémard.

— Moi! —j'en suis encore tout saisi! —
dit Pingoin.

— Qu'est-ce qu'il peut être devenu?

— Il se sera fait écraser!

— Il lui sera arrivé un événement!

— Il est peut-être tombé mort subitement!

— Ce qu'il y a de sûr, c'est qu'on ne sait pas où il est.

— Si Anténor était un gaillard au lieu d'être un imbécile, — dit Cuissard, — je croirais qu'il a profité de ce que sa femme se trouvait mal pour aller faire ses farces.

— Ah çà ! — elle a une bien petite santé, savez-vous, cette pauvre Adolphine ! — dit madame Cuissard.

— Laissez-donc ! — elle fait des manières, — cette mijaurée ! — répondit mademoiselle Pigrillard.

— Cependant elle s'est encore trouvée mal chez madame Guilloché.

— Ellle se trouve mal partout !

— Rappelez-vous le jour de son mariage, — dit madame Pingoin, — elle n'a fait que s'évanouir depuis le matin jusqu'au soir.

— Elle pose pour les nerfs, — dit Anastasie.

— Mais non ! — fit vivement madame Cuissard, — elle souffrait ce soir, — j'en réponds ! — Elle avait les mains brûlantes, — la tête en feu ! — on ne joue pas la comédie à ce point-là ! — elle était malade !

— Alors c'est qu'elle a quelque maladie cachée !

— Vous croyez ?

— Dame ! — poursuivit Anastasie, dont la langue de vipère mordait avec bonheur chaque fois qu'elle en trouvait l'occasion.

— Dame ! cela s'est vu ! ce ne serait pas la première, — et puis elle a toujours eu un mauvais teint ! Je n'aime pas ces peaux blanches comme de la cire, — ce n'est pas bon signe !

— C'est vrai ! — dit madame Pingoin.

— Mais Anténor ? — fit Cuissard.

— Il est parti à huit heures pour chercher le médecin, — répondit Pingoin, — et va te promener ! plus personne !

— Qu'est-ce qu'il peut donc lui être arrivé ?

— Est-ce qu'on sait ? — il est si bête !

— En voilà un drôle de mari ! — dit Cuissard en riant. — Le jour de ses noces il s'évanouit au souper. Il tombe en pamoison : il faut l'emporter, et madame sa femme passe la première nuit de l'hyménée à faire de la tisane.

— Et il est malade pendant quatre jours, — ajouta Pingoin.

— Oui.

— Et sa femme s'en retourne chez son père !

— Ensuite il part en voyage...

— il est revenu ce matin...

— Et ce soir le voilà perdu !

— Pauvre petite Adolphine !

— Ce n'est pas étonnant qu'elle tombe en faiblesse ! — dit Cuissard en riant de plus belle.

— Qui sait quand on le retrouvera !

— Dis donc, Guilloché !

— Quoi ? — fit le gros bimbelotier en quittant mesdames Cuissard et Pingoin avec lesquelles il causait.

— On dit que la mère Marescot t'a invité à être parrain de son premier petit-enfant.

— C'est vrai !

— Eh bien ! — si cela continue, nous n'aurons plus de dents quand tu nous payeras les dragées du baptême !

Tous les hommes se mirent à rire.

VII

Les nouvelles.

Quelques jours après celui où avait eu lieu le dîner offert par M. Guilloché à ses amis, MM. Actéon père et fils étaient installés à leur table favorite du *café du Géant.*

Il était huit heures du soir et, — par extraordinaire, — ces deux messieurs étaient seuls en présence de leurs demi-tasses.

Aucun des autres habitués, — formant le cercle quotidien dont nous avons parlé, — n'était venu encore se joindre à eux.

A huit heures un quart, — le papa Actéon tira sa montre, — en consulta le cadran et poussa un soupir de désolation.

— Huit heures un quart ! — dit-il.

Le fils Actéon imita le mouvement accompli par son père :

— Huit heures un quart, — dit-il également en interrogeant sa montre.

— Ils ne viendront pas !

— C'est bien présumable.

— Tu n'as pas vu Cuissard dans la journée ?

— Non, papa.

— C'est drôle ! personne ne m'a rien fait dire. Est-ce que ce serait un complot, — Jules ? — Est-ce qu'ils voudraient nous faire une impertinence ?

Et le susceptible mari de la non moins susceptible amie de mesdames Pingoin, Cuissard et Guilloché, pinça ses lèvres et releva la tête.

— Ah ! — fit Jules, — pourquoi voudraient-ils vous être désagréables ?

— Dame ! je ne sais pas ! — répondit Actéon.

— Ni moi !

— Mais je trouve extraordinaire qu'ils ne soient pas venus ce soir quand, — depuis des années, — personne ne manque à notre rendez-vous habituel !

— C'est vrai, — papa !

— On aurait dû me faire prévenir.

— Oui.

— S'ils ne viennent pas, — Jules, — qu'est-ce que nous allons faire tous les deux ?

Le père et le fils échangèrent un regard anxieusement désolé, en hommes extrêmement inquiets de voir en perspective une soirée à passer en tête-à-tête.

— Qu'est-ce que nous ferons ? — répéta Actéon.

— Dame ! papa ! — fit Jules en paraissant chercher.

— Quoi ?

— Nous irons nous coucher !

— Il le faudra bien !

Sur cette conclusion philosophique, — le fils et le père levèrent les yeux vers le plafond illustré du café et poussèrent un nouveau et plus désolé soupir.

Pendant ce temps chanteurs et chanteuses, — sans paraître se soucier de l'inquiétude des deux consommateurs, — renforçaient leurs roulades et charmaient les échos de l'établissement.

— Ah! — fit tout à coup Jules dont la figure s'illumina soudain.

— Quoi? — demanda son père avec un empressement manifeste.

— Cuissard!...

— Cuissard, dis-tu?

— Oui, papa!

— Où cela?

— Sur le boulevard... là!... je viens de le voir passer dans l'instant. Il traversait la chaussée en face de nous.

— Il vient ici ?

— Je le crois ! Ah ! le voilà !

Cuissard, effectivement, — le nez plus au vent que jamais, — poussait alors la porte du café et, se dandinant suivant sa coutume, se dirigeait vers les deux consommateurs.

Le père et le fils échangèrent un regard joyeux : ils respiraient plus à l'aise en n'ayant plus la perspective du tête-à-tête.

— Comme vous venez tard ? — dit Actéon.

— Ne m'en parlez pas ! — répondit Cuissard en s'asseyant. — J'ai cru que je ne viendrais pas ce soir !

— Et Pingoin, — Guilloché, — Buchené, — Anténor ?

— Pingoin et Guilloché vont venir.

— Ah ! tant mieux.

— Mais Buchené ne viendra pas, — lui.

— Pourquoi ?

— Il n'a pas encore retrouvé sa fille !

— Bah !

— Disparue, — cher ami , — escamotée ,
— éclipsée, — plus personne!

— Depuis quatre jours?

— Mon Dieu oui !

— Et pas de nouvelles ?

— Aucune !

— C'est étonnant, — savez-vous !

— C'est-à-dire que j'en tombe de mon
haut! — dit Cuissard.

— Alors il ne se fera pas grand mal ! —
pensa Jules.

— Ah çà, — reprit Actéon , — qu'est-ce
que vous pensez qu'elle soit devenue ?

— Est-ce qu'on sait ! — dit Cuissard.

— Mais enfin, — qu'est-ce que vous sup-posez, — vous ?

— Je suppose... je suppose... Dame ! je ne sais pas trop ce que je dois supposer ; — si Adolphine était une gaillarde, — je croirais qu'elle s'est envolée avec un séducteur, et, — dans le fait, — ça m'en a tout l'air.

— Tiens ! — fit Jules en interrompant Cuissard, — en voilà une farce !

— Quoi donc ? — dirent à la fois les deux hommes.

— Maman , — et votre femme, — madame Cuissard, — et mademoiselle Anastasie !

— Ta mère ! — dit Actéon.

— Ma femme! — fit Cuissard.

Les deux hommes s'étaient retournés, —

et regardaient avec étonnement trois femmes qui venaient de franchir le seuil de l'établissement et qui, — d'un pas délibéré,— s'avançaient vers la table occupée par les trois consommateurs.

Ces trois femmes étaient, — ainsi que l'avait dit Jules, — mesdames Actéon et Cuissard et mademoiselle Anastasie Pigrillard, — la respectable vieille fille.

— Qu'est-ce que vous venez *fricotter* ici? — demanda en riant Cuissard.

— Vous voir donc! — répondit Anastasie.

— Et prendre une demi-tasse, — ajouta la petite mère Cuissard en se faufilant, — avec peine, — entre la table de marbre et la banquette recouverte en velours jadis rouge.

— En voilà une idée de venir nous relancer au café ! — dit Cuissard.

— Écoutez donc ! — dit Anastasie, —nous venons aux nouvelles.

— Moi, — ajouta madame Actéon, — j'ai été voir ce soir madame Cuissard, — Anastasie était chez elle, — nous avons causé d'Adolphine...

— Et comme mademoiselle Anastasie a eu une idée...

— Nous sommes venues vous la communiquer tout chaud, tout bouillant.

— Une idée? — fit Cuissard. — Par rapport à qui?

— A Adolphine, — répondit sa femme. — Pas vrai, Zizie?

—Oui ! — dit la vieille fille en hochant la tête.

— Quelle idée?

Mademoiselle Pigrillard fit un mouvement en avant, — les trois hommes et les deux femmes approchèrent curieusement leur visage, — tendant l'oreille pour ne rien perdre de ce qui allait être dit.

— Adolphine a disparu depuis quatre jours, — dit Anastasie.

— Oui, — fit Cuissard.

— On ne sait pas où elle est?

— Non! Le savez-vous, — vous?

— Pas davantage, — mais si je ne sais pas où elle est, — je parie que je sais *avec qui elle est*.

La vieille fille appuya sur ces derniers mots.

— Bah! — fit Cuissard.

— Oui.

— Comment ?

— Adolphine s'est fait enlever !

— Enlever ! — s'écrièrent les trois hommes.

— Oui.

— Et par qui ? — demanda Actéon.

— Tiens ! cette demande ! Par un amoureux donc !

— Un amoureux ?

— Oui.

— Adolphine avait donc un amoureux ?

Mademoiselle Pigrillard échangea un coup d'œil avec les deux femmes, — puis elle lança un regard railleur sur les trois hommes, — et elle haussa les épaules avec un dédain marqué.

— Adolphine avait un amoureux ! — répéta Cuissard.

— Oui, — dit la vieille fille.

— Et depuis quand donc?

— Oh! depuis longtemps !

— Pas possible !.

— Demandez à ces dames!

Mesdames Actéon et Cuissard firent un petit geste approbatif.

— Eh bien! — dit Cuissard, — tant mieux pour celui-là, — car Adolphine est un joli brin de femme! — Quant à moi, — je ne plains que ce *nigodinos* d'Anténor. Une huître en coquille !

— Je ne le plains pas non plus! — dit Actéon.

— Ni moi, — ajouta Jules.

— Mais quel est cet amoureux? — repri t Cuissard.

— Vous ne devinez pas ? — répondit Anastasie.

— Non !

— Qu'est-ce que vous aviez donc fait de vos yeux quand ils se faisaient la cour, que c'en était scandaleux, et presque indécent !

— Mes yeux ? — Ils étaient sur vous, -- fit galamment Cuissard.

Anastasie sourit doucement, — en personne sensible au compliment

— Comment ! — reprit-elle, — vous n'avez pas remarqué, — jadis, — le petit jeune homme qui demeurait dans la même maison que Buchené ?

— Quand cela ?

— Il y a seulement trois mois.

— Quel petit jeune homme ?

— Le petit *écrivassier* du cinquième, qui

devait toujours faire des pièces de théâtre et des romans, — et qui, — je le crois,— n'est bon ni à rôtir ni à bouillir.

— Celui-ci qui est venu ensuite demeurer dans notre maison ?

— Juste !

— Lambert d'Arcourt ?

— Vous y êtes !

— Et vous dites que c'est l'amoureux d'Adolphine ?

— Il y a longtemps que je le dis, et bien d'autres que moi le répètent. Ces dames le savent bien. Elles s'étaient aperçu de tout.

— Pas possible ?

— N'est-ce pas, mesdames ?

— Sans doute ! — dit madame Actéon, tandis que sa voisine se bornait à faire un signe affirmatif.

— Et vous dités que c'est lui qui a enlevé Adolphine? — reprit Cuisard.

— J'en suis moralement sûre, — certaine et convaincue! — dit gravement mademoiselle Anastasie Pigrillard.

— Oui, — ajouta madame Cuissard, — Anastasie nous a fait penser à cela ce soir, — madame Actéon et moi. — L'idée ne nous en serait jamais venue, — mais Zizie a si bien parlé que nous en sommes convaincues à cette heure, et c'est parce que nous voulions vous faire part de cette grande nouvelle que nous sommes venues vous retrouver au café.

— Tiens! tiens! tiens! — dit Cuissard en se redressant. — En voilà une farce! ma foi! tant pis pour Anténor! — il était né pour cela, — l'imbécile! — j'aime mieux

savoir Adolphine enlevée par un beau garçon que de la savoir morte dans la rivière.

— Et la morale, monsieur Cuissard? —
dit Anastasie en pinçant ses lèvres minces
et décolorées.

— Bah! — fit Cuissard avec un geste tout
à fait *régence*.

Les trois hommes se regardèrent mutuel-
lément en ricanant.

— Mais, — dit tout à coup Jules, — cela
ne se peut pas cependant.

— Quoi? — demanda Anastasie, — qu'est-
ce qui ne se peut pas?

— Que ce Lambert ait enlevé madame
Anténor Marescot.

— Pourquoi donc?

— Vous savez bien qu'il a été arrêté, il y
a huit jours, et qu'il a été mis à Mazas.

— C'est vrai ! — dit Cuissard, — je n'y pensais plus.

— Cela a fait assez de scandale dans la maison, — dit Jules.

— Vous voyez bien que vous vous trompez !

Anastasie sourit dédaigneusement et en femme convaincue de la supériorité de ses vues et de la sûreté de ses arguments.

— Quand ce M. Lambert a-t-il été arrêté ? — dit-elle.

— Il y a huit jours, — répondit Jules.

— Eh bien ! il y a quatre jours, il était libre.

— Libre ?

— Oui. Il se promenait dans Paris.

— Vous en êtes sûre?

— Oui, — je l'ai rencontré et il m'a même saluée en passant.

— Il y a quatre jours ! — s'écria Actéon.

— Précisément.

— Le jour de la disparition d'Adolphine, alors ?

— Juste !

— Bigre ! ceci est une preuve aggravante, — savez-vous, — Cuissard ? — dit M. Actéon en secouant son front chauve.

— Aggravante, — oui, — dit Cuissard, — mais flagrante, — non !

— Comment ?

— J'admets tout ce que vous voudrez, — dit le fabricant de maillots, — j'admets que Lambert ait fait la cour à Adolphine, — j'admets qu'il ait été relâché après avoir été arrêté, — mais où trouvez-vous là dedans la preuve qu'ils soient partis ensemble?

— Cela n'est pas malin à prouver, — dit vivement Anastasie, — rappelez-vous comment les choses se sont passées!

Oh! j'ai pris mes renseignements, — j'ai rappelé tous mes moindres souvenirs, — et j'ai fait des rapprochements.

Ces dames se rappellent très-bien que quand Adolphine était demoiselle, — ce Lambert d'Arcourt la poursuivait et qu'elle ne se sauvait pas trop.

La preuve, c'est que j'ai vu et lu des lettres d'amour échangées entr'eux!

N'est-ce pas, mesdames?

— Oui! — dirent à la fois mesdames Cuissard et Actéon.

— Personne n'ignore, — poursuivit ma-

demoiselle Anastasie, — toutes les jérémia-
des qu'Adolphine a faites pour en arriver à
épouser Anténor Marescot.

— C'est vrai, — dit Actéon, — j'ai été
témoin.

— Le jour de son mariage, — elle a
pleuré toutes les larmes de son corps durant la messe.

— Oh! çà! — dit Jules, — j'en réponds!
Tandis que je lui tenais le poële sur la tête,
elle pleurait si fort qu'elle ne faisait que se
moucher et qu'éternuer, si bien que dans
un tressaillement brusque elle m'a fouré
dans l'œil un bouton de son bouquet de
fleurs d'oranger,— que j'en ai vu trente-six
chandelles.

— Vous entendez ! — dit Anastasie.

— Après? — demanda Cuissard.

— C'est déjà des preuves cela ! mais ce jour-là, — le jour de son mariage, — vous rappelez-vous combien de fois elle s'est trouvée mal ?

— Je n'ai pas compté, — dit Cuissard.

— Mais j'ai compté, — moi, — dit orgueilleusement la vieille fille. — Elle s'est trouvée mal cinq fois : — une fois à l'église, — une autre en arrivant au restaurant, — une troisième au bois de Boulogne et les deux autres encore chez *Chapard*.

— Oui, — dit madame Actéon.

— Et savez-vous pourquoi?

— Non, — dit Cuissard.

— Eh bien ! je le sais, — moi, — et je vais vous le dire ! — Écoutez !

Elle s'est trouvée mal en arrivant au restaurant, parce qu'en s'approchant de la fenêtre elle avait vu un monsieur qui avait failli être écrasé, et ce monsieur c'était Lambert d'Arcourt.

— Vrai?

— Comme nous sommes là!

— Tiens! tiens! tiens!

— Elle s'est retrouvée mal au bois parce qu'elle avait vu encore un monsieur dans le feuillage, et que ce monsieur était encore le même Lambert d'Arcourt.

— Bigre!

— Enfin, elle s'est trouvée mal en revenant parce qu'on a parlé devant elle de Lambert d'Arcourt. Qu'est-ce que vous en pensez!

— Dame! je pense qu'elle l'aime, — qu'il l'aime, — qu'ils s'aiment.

— Eh bien?

— Ça ne prouve pas pour cela qu'ils se

soient sauvés ensemble il y a quatre jours.

— Vous croyez ?

— Mais je ne crois rien, au contraire.

— Voyons ! quand nous avons dîné chez Guilloché, — M. Julien David, — le beau-frère de M. Raymond, — a parlé, dans la conversation, de ce Lambert d'Arcourt. Il a dit qu'il avait été arrêté.

— Je me souviens.

— Adolphine a pâli, — je la regardais.

— Ensuite ?

— Le soir, — on parlait encore de Lambert d'Arcourt, et c'est en entendant ce jeune homme accusé de choses abomina-bles qu'elle s'est encore trouvée mal, et son évanouissement a été prolongé.

— Je crois bien, — dit madame Actéon, — il a duré une demi-heure.

— Ça, c'est vrai, — ajouta madame Cuissard.

— Ce fut alors qu'Anténor, — pressé par M. Raymond, — alla chercher un médecin.

— Oui, — dit Cuissard, — et parti à neuf heures du soir, — il n'est revenu que le lendemain dans l'après-midi.

— L'imbécile ! — dit Actéon, — il va se fourrer dans une dispute, — il reçoit des coups, — il a un habit déchiré et il est mis au violon comme perturbateur du repos public. Le lendemain il a fallu aller le réclamer à la préfecture.

— Oui, — dit Anastasie, — mais Anténor a affirmé ensuite qu'il ne savait pas comment il s'était trouvé mêlé à tout cela.

Il a été emporté, — lancé, — renversé, — sans qu'il pût faire autrement, et les sergents de ville l'ont arrêté sans qu'il pût se faire entendre, car ceux qui étaient emmenés avec lui le traitaient, — en riant, — comme un compagnon.

De sorte que le pauvre malheureux a été confondu avec tous ces vauriens et mis au poste comme eux : ce n'est que le lendemain que la chose s'est éclaircie.

Or, — le lendemain, — il a fallu que sa mère et son beau-père allassent le réclamer.

— Sans doute, — dit Cuissard.

— Pendant ce temps-là Adolphine demeura seule au logis.

— Oui.

— Et ce fut alors qu'elle disparut sans qu'on sût comment.

— Vous avez raison.

— Et le lendemain, — dans un quartier éloigné, — je rencontrais M. Lambert d'Arcourt qui avait l'air de se cacher, — de se dissimuler comme quelqu'un qui eût eu peur d'être vu.

— Ah ! — c'est le lendemain de la disparition d'Adolphine ?

— Oui.

— Voilà qui est drôle ! — dit Cuissard en tapant sur la table.

— Et savez-vous ce que je conclus de tout cela ? — reprit la vieille fille.

— Je m'en doute, — mais dites toujours, — charmante demoiselle. — Que concluez-vous ?

— Que ce qui est arrivé était tramé d'avance : qu'Adolphine a eu l'air de se trouver mal chez les Guilloché pour envoyer Anténor chercher le médecin, — que les vauriens qui se battaient étaient placés sur la route de ce dindon de Marescot, — qu'ils l'ont fait tomber dans un piége, — et que son emprisonnement enfin n'était qu'un moyen adroit, — je le reconnais, — de se priver de la présence gênante du mari et de celle du père et de la belle-mère qui étaient forcés d'aller le réclamer.

— Eh! eh! — fit Cuissard en riant, — ce serait gentil cela!

— Vous riez? — dit Anastasie avec indignation.

— Tiens! — voulez-vous que j'en pleure?

— Il y a bien de quoi!

— Pour qui? — Anténor est une oie, — Buchené un vieil égoïste qui n'aime que lui, et la mère Marescot...

— Ah! voici Pingoin et sa femme! — interrompit vivement Actéon. — Dieu! qu'ils ont l'air affairé! Ils doivent avoir quelque nouvelle importante! Allons bon! voilà Pingoin qui s'emmêle les jambes dans un tabouret et qui ne nous voit pas! Eh! Pingoin! Pst! pst!... par ici!...

VIII

Les cancans.

M. et madame Pingoin tournèrent les yeux dans la direction d'où était parti le cri d'appel. Ils aperçurent la table entourée de leurs amis et ils se dirigèrent vers le groupe, tandis que le chanteur, — alors en plein exercice de ses fonctions, — entonnait, sur un air connu, des paroles plus connues encore.

Le ménage Pingoin paraissait être, — en effet, et ainsi que l'avait remarqué Actéon, — sous le coup d'une préoccupation profonde.

Pingoin avait les yeux qui lui sortaient de la tête.

Madame Pingoin, — son chapeau de travers, — son châle flottant, — prenant sa robe à tous les coins de table, — se démenait au milieu des consommateurs, — spectateurs, — auditeurs envahissant la salle, — comme si elle se fût frayé un passage au travers d'un champ de blé.

— Par ici ! par ici ! — disait toujours Actéon.

Les deux époux avançaient péniblement, soulevant sur leur route un concert peu flatteur de malédictions, — renversant le chapeau de l'un, — se heurtant à la chaise de l'autre, — cognant celui-ci, — accrochant celui-là.

— Ah çà ! — dit Cuissard, qui suivait de l'œil cette marche désordonnée, — est-ce qu'ils sont devenus toqués tous les deux depuis que je les ai vus !

— Ah ! mon très-cher! — dit Pingoin en s'asseyant.

— Ah! mes chers amis! — fit madame Pingoin en se laissant tomber sur une banquette.

— Quel événement !

— Quelle nouvelle!

— C'est incroyable !

— C'est abominable !

— Quoi? — quoi? — quoi? — fit-on de tous côtés avec un ensemble qui rendit un moment, — à s'y méprendre, — le concert des canards à l'heure des repas.

— Vous rappelez-vous... — commença Pingoin.

— Laisse-moi parler ! — interrompit sa femme.

— Mais...

— Laisse-moi donc parler !

— Je voudrais...

— Pingoin ! Taisez-vous, je vous l'or-
donne !

Et madame Pingoin, prenant une pose
magistrale et lançant à son mari un regard
menaçant, posa ses deux coudes sur la table.

— Vous rappelez-vous, — mes bons amis,
— commença l'irrascible femme maigre, —
ce jeune homme dont nous vous avons parlé
jadis, — un de nos bons clients, — le vicomte de Launay ?

— Le vicomte de Launay ? — répéta Cuissard.

— Oui.

— Ce joli garçon qui me disait toujours
des plaisanteries spirituelles quand je le

rencontrais dans votre magasin ? — ajouta madame Cuissard.

— Celui pour lequel vous faisiez de si belles chemises en batiste ? — dit Anastasie.

— Lui-même, — répondit madame Pingoin.

— Eh bien ?

— Vous savez qu'il était ruiné ce jeune homme. — Il avait tout croqué.

— Oui, — oui, — dit-on de toutes parts.

— Si bien ruiné, même, qu'il nous devait une note de deux cent cinquante-huit francs, — le pauvre garçon, — qu'il n'avait pu payer.

— Et que j'avais passés par *profits et pertes,*
— interrompit Pingoin.

Sa femme lui lança un regard furibond.
Pingoin, qui avait la bouche ouverte pour
continuer à 'parler, — rapprocha ses lèvres
et baissa la tête en signe de soumission.

— Il faut vous dire, — poursuivit madame Pingoin, — que notre maison doit
beaucoup au vicomte de Launay.

En 1848, alors qu'il était très-jeune encore, — qu'il venait d'hériter et d'être éman-
cipé, il se fournissait déjà chez nous.

Vous vous rappelez la crise commerciale
du mois de mars ?

— Parbleu ! — dit Cuissard, — nos maillots étaient tombés à rien et tous les ban-

quiers fermaient boutique ou suspendaient leurs payements. — J'en ai maigri à cette époque-là. — Pas vrai, *Louloute?*

(*Louloute,* — c'était madamé Cuissard.)

— Nous avons eu un rude moment à passer ce mois-là, — poursuivit madame Pingoin.

Les affaires étaient nulles, — les rentrées impossibles, — à peine trouvait-on le change d'un billet de banque, et nous avions à payer le 15, sans un sou en caisse.

C'était dur, — Pingoin voyait déjà l'heure de la faillite, et pour de vieux négociants comme nous, — c'était terrible.

Un jour, je pleurais toute seule dans mon comptoir, quand le vicomte entra.

— Qu'est-ce que vous avez? — me demanda-t-il.

Je lui contai mes tourments : il parut ému et attendri.

— Combien vous faut-il donc? — me dit-il encore.

— Six mille francs, — lui répondis-je, — notre maison est excellente, mais tous nos fonds sont engagés.

Il s'en alla sans rien dire, et une heure après, il nous envoyait la somme.

Un mois après, Pingoin la lui rendait, voulant lui payer des intérêts et lui faire un cadeau, mais il ne voulut rien, le cher enfant. Il nous dit que cela lui suffisait d'avoir obligé des honnêtes gens.

— Tiens ! — je l'aime ce petit-là, — dit madame Cuissard attendrie.

— Il continua à se fournir chez nous, — reprit madame Pingoin, — et il nous amena tous ses amis.

C'est par lui que nous avons eu la pratique de M. de Rueil, — celle de M. de Rouvres et nombre d'autres.

Vous comprenez que de tels services ne s'oublient pas. Durant quelques années, il paya supérieurement, mais il fit des folies et un beau matin il se trouva à sec.

Il nous devait deux cent cinquante-huit francs. Vous pensez-bien que nous ne les lui eussions jamais réclamés.

Un jour, — il y a un mois ou deux, nous

apprenons que le vicomte s'était brûlé la cervelle, — cette nouvelle nous bouleversa, mon mari et moi.

Heureusement il n'était pas mort, — Pingoin fit des démarches et il apprit du valet de chambre du vicomte, — un garçon dévoué à son maître comme un chien caniche, — que M. de Launay avait été recueilli mourant par M. de Rouvres, — que celui-ci était arrivé à temps pour lui porter secours, et qu'enfin le vicomte était ruiné, — mais en voie de guérison.

Pingoin et moi courûmes le voir et nous lui offrîmes d'aller se rétablir, — puisqu'il n'avait plus d'appartement, — dans notre petite maison d'Argenteuil.

Il accepta, et depuis six semaines il était chez nous.

— Tiens ! — dit Cuissard, — vous ne nous aviez jamais parlé de cela.

— Oh ! — dit madame Pingoin, — quand on fait du bien on n'a pas besoin d'aller le crier sur les toits.

— Eh bien mais ! — la nouvelle dont vous parliez tout à l'heure, et dont vous paraissiez suffoqués.

— Attendez donc ! — j'y arrive.

— Nous écoutons.

— Le vicomte était donc à Argenteuil avec son valet de chambre, et il ne manquait de rien, — ce cher jeune homme, — je vous le garantis. Ses amis, MM. Lucien de

Rouvres et Charles de Rueil, avaient voulu nous indemniser de toutes nos dépenses, mais nous avions refusé et ils allaient voir souvent le malade.

Le vicomte était presque guéri avant-hier, — quand Pingoin et moi allâmes le visiter.

Il marchait, — il allait, — il venait, — il mangeait : il était en pleine convalescence.

Il nous avait conté qu'il voulait se faire soldat, — prendre du service et s'en aller en Afrique.

Il avait l'air si gai ! — pas vrai, — Pingoin ? — Qu'est-ce qui aurait pu s'attendre à ce qui devait arriver !

— C'est vrai ! — dit Pingoin.

— Quoi donc ? — demandèrent tous les auditeurs.

— Figurez-vous que ce soir, après dîner, — nous voyons arriver subitement le valet de chambre du vicomte. Il était pâle, — défait, — il avait les yeux hagards :

— Ah mon Dieu ! — dis-je, — qu'est-ce que vous avez ?

— Mon maître ! — qu'il me répond.

— Eh bien ?

— Cette fois il est mort !

— Mort !

— Oui ! il s'est tué !

— Comment ?

Pingoin et moi nous étions saisis. Le valet de chambre nous tendit une lettre ouverte.

— Lisez ! — nous dit-il. — La lettre n'était pas cachetée et elle vous est adressée !

Et tenez ! voici la lettre ! Écoutez !

Madame Pingoin fouilla dans son sein et en tira un papier froissé. Tous les auditeurs se rapprochèrent avidement.

« *Mes bons amis,* — commença madame Pingoin, — c'est à nous qu'il écrit, — *mes bons amis, quand vous aurez reçu cette lettre, ne soyez pas en peine de moi. Je n'aurai plus besoin de rien. J'ai fait un vœu que je vais accomplir. La mort me recevra cette fois, je vous le jure. Ne cherchez pas mon cadavre. Ne tentez pas de savoir ce que je suis devenu. Adieu pour toujours et merci du plus profond de mon cœur pour vos soins charitables.* »

Signé : vicomte de Launay.

Madame Pingoin regarda tous les assistants.

— Et il s'est tué ? — dit Cuissard.

— Sans doute, — reprit madame Pingoin.
— C'est pendant que son domestique était
dans le village, — que le vicomte a quitté
la maison. Depuis ce moment on ne l'a pas
revu, et le valet de chambre en rentrant a
trouvé cette lettre sur la table.

— Voilà un singulier événement, — dit
Actéon.

— Pauvre jeune homme ! — dit madame
Cuissard.

— Nous en sommes tout bouleversés, Pingoin et moi !

— Il y a bien de quoi.

— Seulement, — ajouta Pingoin, — il y

a une phrase que je n'ai pas comprise, —
moi.

— Quelle phrase? — demanda Cuissard.

— Celle que le valet de chambre a pro-
noncée en nous quittant.

— Qu'est-ce qu'il a dit?

— Il a dit, — ma femme n'a pas entendu,
— mais j'ai entendu parfaitement, — moi;
— il a dit : *cette canaille de Raymond!*

— Raymond! — répéta Cuissard. — Se-
rait-ce le propriétaire de Buchené?

— Je ne sais pas!

— Ah! voici Guilloché! — dit Jules en
désignant le bimbelotier qui s'avançait vers
la table.

— Eh bien ! — lui cria-t-on, — savez-vous quelque chose de nouveau, vous ?

— Oui, — dit Guilloché en s'asseyant, — et d'un peu étonnant même.

— Ah çà ! mais, c'est ce soir la soirée aux événements ! — dit Cuissard.

— Il paraîtrait.

— Qu'est-ce qu'il y a ?

— Vous ne savez pas ce que vient de me dire Buchené ?

— Non !

— A propos d'Adolphine !

— Qu'est-ce qu'il a dit ?

— Comme je lui disais de ne pas s'affli-ger et d'aller porter sa plainte à la police.

— Ah ! — a-t-il fait, — je n'ai pas besoin de me déranger. — Après tout, — je m'en moque !

— Il a dit cela ! — s'écrièrent les femmes indignées.

— Attendez donc, — poursuivit Guilloché, — ce n'est pas tout.

Comme j'insistais en prenant ses paroles pour un accès de désespoir :

— Je m'en moque, — a-t-il répété.

— Mais, — lui ai-je dit, — c'est votre fille.

— Non ! — a-t-il répondu.

— Hein ? — fis-je avec stupéfaction.

— Adolphine n'est pas ma fille. C'est un

enfant que ma femme avait recueilli jadis, que nous avions adopté, et son mari le sait bien. C'est pour cela que le jour de son mariage nous n'avons voulu de personne à la mairie, que les témoins qui étaient dans la confidence.

— Pas possible ! — s'écria-t-on.

— Il m'a donné sa parole d'honneur qu'Adolphine n'était pas sa fille, — poursuivit Guilloché, — et j'ai entendu madame Marescot qui disait à son fils :

— Voilà ce que c'est que d'épouser une bâtarde, — une fille perdue !

Tous se regardèrent avec stupéfaction.

IX

Le comte de Grandier.

Melun, — le chef-lieu du département de Seine-et-Marne, — est une des plus vieilles villes de la Gaule.

Odon, — l'historien, — prétend même qu'elle fut bâtie *mille et un ans* avant Paris.

Il donne comme preuve de cette assertion, — un peu hasardée, — la prétendue étymologie de *Melodunum*, — *Mille unum*, — *Mille un*, — *Melun*.

Odon ajoute que Melun porta d'abord le nom d'*Isis*, et comme témoignage de la supériorité de Melun sur Paris, il assigne à la capitale, pour étymologie de son nom, les mots latins *par Isis* (*semblable à Isis*).

Le blason de la ville, — au reste, — témoigne de ces assertions :

> Melun je suis qui eus à ma naissance
> Le nom d'*Isis*, comme des vieux on sait
> Sy fut Paris construit à ma semblance
> Mille et un ans depuis que je fus fait.
> Dire me pus sur la ville de France
> Pauvre de biens, riche de loyauté,
> Qui par la guerre ai eu maintes souffrances
> Et par la faim de maints rats ai tâté.

S'il est permis de ne pas croire à tant

d'ancienneté, il est certain que Melun est une jolie ville, divisée par la Seine en trois parties et d'un aspect agréable.

La partie qui est située sur la rive droite du fleuve s'élève en amphithéâtre.

Dans l'intérieur, — des quais, — des promenades nouvelles embellissent la vieille cité.

Deux ponts, — le *Pont-aux-Fruits* et le *Pont-aux-Meuniers*, — unissent les deux rives de la Seine.

Près de l'un de ces ponts, — celui aux Meuniers, — s'élève une maison d'assez belle apparence, au toit aigu, au larges et hautes fenêtres, à l'immense porte cochère, — construction remontant évidemment au dernier siècle, et qui avait dû être édifiée pour servir d'habitation à quelque grand seigneur de la province.

Cet aspect d'hôtel seigneurial a été conservé, en dépit des changements apportés par un architecte moderne qui avait élevé la maison d'un étage.

Derrière la maison s'étendait une vaste cour sur laquelle s'ouvraient les écuries et les remises.

A droite était le jardin, — presque un parc, — descendant jusque sur les rives du fleuve.

Dans la ville, on avait coutume d'appeler cette habitation l'*hôtel de Grandier*.

C'était là, en effet, que demeurait, — depuis plus de quinze ans, — **un** vieillard presque octogénaire, et que tout Melun connaissait pour le voir passer presque chaque jour, dans sa vieille calèche, se rendant à une terre magnifique qu'il possédait aux portes de la ville.

Qu'était-ce que M. de Grandier ?

A cette question que les habitants de Melun s'étaient posées bien souvent, — soit en longeant la façade de l'hôtel,—soit en voyant passer le vieillard dans son antique véhicule, — personne n'avait pu jusqu'alors donner une réponse qui satisfît pleinement la curiosité publique, extrêmement excitée durant les premières années du séjour du comte à Melun.

Qu'était-il ? où était-il ? qu'avait-il fait avant l'époque de son établissement définitif dans le chef-lieu de préfecture du département de Seine-et-Marne ?

Les interrogations, — à cet égard, — étaient restées suspendues et avaient cessé à défaut de solution au problème.

Voici, — cependant, — ce que tout Melun savait.

Depuis 1822, l'*hôtel du Pont-aux-Meuniers*, — c'était ainsi qu'on avait longtemps désigné la maison, — jusqu'en 1840, était demeuré désert et inhabité.

Les murailles se lézardaient, — la toiture s'effondrait, — les persiennes chancelaient dans leurs gonds mal assurés, — de grandes herbes avaient envahi la cour, — le jardin était passé à l'état de forêt vierge, — et la porte cochère, fermée hermétiquement, était

recouverte d'une couche tellement épaisse
de poussière que le ton de la peinture avait
complètement disparu.

Tout l'édifice menaçait de succomber au
délabrement auquel il demeurait abandonné:
le mot *ruine* se lisait en toutes lettres sur
les murailles crevassées et presque croulan-
tes.

Chaque jour les voisins s'attendaient à
voir la toiture s'effondrer, — à entendre
craquer les murailles, et cependant l'hôtel
— solide encore sur ses fondations, — demeurait toujours debout.

— Tiens! — disait-on en passant devant
la demeure abandonnée, — l'hôtel est encore debout !

Enfin en 1840, — au mois de mai, — les

voisins ébahis aperçurent un matin la porte ouverte.

Dans la cour étaient une dizaine d'hommes, — allant, — venant, — regardant, — toisant, — examinant, — et ayant l'air de prendre des mesures.

Le lendemain, — les fenêtres étaient ouvertes, et les mêmes hommes parcouraient la maison.

Puis ils s'en allèrent et tout demeura refermé dans l'état précédent.

— On aura voulu vendre la bicoque, — dirent les curieux de la ville, — mais les acheteurs n'en auront pas voulu.

Huit jours après une escouade de maçons apportaient leurs outils et s'installaient dans la maison.

Les curieux coururent aux nouvelles.

— Qu'est-ce que vous venez donc faire ici ? — demanda à l'un des maçons, — nommé Latruelle, — M. Rigobard, — le cafetier de la place de la Comédie.

— Tiens ! — dit Latruelle, — vous le voyez bien !

— Vous allez travailler ?

— Oui.

— A quoi ?

— A la maison donc !

— Vous allez la réparer ?

— Un peu ! Elle en a même un fier besoin.

— Qu'est-ce qui vous a commandé ?

— Le maître-maçon donc !

— Et pour qui travaille-t-il ?

— Ah ! allez le lui demander. Je n'en sais rien !

M. Rigobard n'avait pas pu en apprendre davantage, — à son grand déplaisir, — car le digne homme avait la réputation méritée de tout savoir, de tout connaître, — d'être à l'affût de toutes les nouvelles.

Les maçons avaient travaillé durant deux mois, et sous leur marteau la maison avait pris un aspect tout nouveau.

Un étage s'était élevé, — la façade avait été regrattée, — les lézardes avaient disparu et une toiture aiguë, surmontée d'une girouette, avait remplacé celle qui s'effondrait.

Puis les maçons étaient partis, et les menuisiers étaient arrivés.

Aux menuisiers avaient succédé les peintres, — et aux peintres les tapissiers.

M. Rigobard avait chaque fois tenté de nouvelles interrogations, — mais il n'avait pu rien apprendre.

Enfin les ouvriers partirent, — les réparations étaient achevées.

Cependant l'hôtel demeurait toujours désert, ce qui intriguait de plus en plus les habitants de Melun.

Enfin, — un beau matin, — le pavé de la rue frémit sous le roulement d'une voiture enlevée au grand trot de quatre vigoureux chevaux allemands.

La voiture s'arrêta à la hauteur de l'hôtel, — tourna à droite et franchit le seuil de la porte cochère.

Elle décrivit un demi-cercle dans la cour et vint faire un arrêt superbe devant le perron.

Deux valets de pied, — placés sur le siége de derrière, — s'étaient élancés à la fois sur le sol.

L'un d'eux courut ouvrir la portière. — L'autre gravit les marches du perron et poussa la porte vitrée.

Un vieillard descendit de la calèche.

Ce vieillard pouvait avoir soixante ans au moins. — Au reste, il était difficile de lui assigner un âge exact.

Il était grand, — il avait le dos voûté, —

la poitrine large cependant, et les membres
très-grêles.

Ses cheveux étaient blancs, mais d'une
blancheur admirable, sans le moindre mé-
lange de gris ou de noir.

Ses yeux étaient fort beaux, — mais le
regard avait quelque chose d'inquiet et de
triste, et qui causait un sentiment pénible.

Ce vieillard, — les habitants de Melun
connurent son nom le soir même, — s'appelait le comte de Grandier.

Le comte s'établit à Melun à partir de ce
jour.

Il avait avec lui un homme, — sorte d'intendant ou de secrétaire, — qui paraissait
chargé de diriger la maison.

Les curieux de Melun, — les habitués du
café de la place de la Comédie, — M. Rigobard en tête, — se mirent aussitôt en quête
de ce que l'on pouvait apprendre sur
M. Grandier.

Malheureusement pour eux, — ces messieurs ne purent rien savoir qui les satisfît
pleinement.

Les domestiques connaissaient leur maître pour un homme riche, — taciturne, —
ne recevant personne, — parlant souvent
haut tout seul dans sa chambre, sans qu'on
pût saisir le sens de ses paroles, — mais
c'était tout.

Le cocher, les valets de pied, les autres
gens de l'hôtel n'avaient aucun rapport
direct avec le vieillard.

Celui que l'on nommait *M. l'intendant*
était le seul qui causât intimement avec
son maître, qui l'approchât même, car l'intendant remplissait en même temps les
fonctions de valet de chambre.

Cet intendant se nommait Robert.

Quant à lui, — les curieux perdirent
leurs peines à essayer de le faire parler :
M. Robert était tout aussi taciturne que son
vieux maître.

Si peu que l'on sut, — et l'on ne savait
presque rien, — il fallut cependant se contenter, car on ne put apprendre autre
chose.

Seulement on remarqua que le comte ne
sortait jamais seul, ni jamais à pied, et qu'il
ne parlait à personne.

Tous les jours, — à deux heures, la calèche quittait l'hôtel.

Le comte et son intendant étaient toujours seuls dans le véhicule.

La calèche prenait invariablement la route d'une terre que le comte avait fait acheter dans les environs et rentrait en ville, — invariablement encore, — à six heures, — puis le comte ne sortait plus.

Depuis quinze ans, — pas une figure étrangère n'avait été remarquée dans l'hôtel : les domestiques étaient toujours les mêmes et vieillissaient auprès de leur maître.

Depuis quinze ans enfin que le comte de Grandier habitait Melun, — pas un habitant de la ville n'avait entendu le son de sa voix.

Quand un fournisseur avait à parler au comte, — l'intendant servait d'intermédiaire, — transmettait les demandes à M. de Grandier et rapportait ensuite les réponses au fournisseur.

Cette existence étrangement systématique, — toujours invariablement la même, — avait tout d'abord fortement préoccupé les habitants de Melun.

Puis, comme de supposition en supposition... on n'était jamais arrivé à une conclusion qui satisfît, — même un peu, — la curiosité publique, — cette curiosité avait fini par s'émousser, — par s'user, pour ainsi dire, — par reconnaître son impuissance, — et par renoncer au but qu'elle s'était proposé d'atteindre.

Depuis dix ans donc personne ne se préoccupait plus du comte de Grandier ni de ce qu'il faisait, — ni de ce qu'il pouvait être.

On se contentait de le regarder passer chaque jour quand il se rendait à sa terre, et de le regarder encore à son retour.

Le comte, — lui, — ne semblait nullement s'inquiéter ni se préoccuper de l'attention que lui avaient tout d'abord obstinément prêtée les habitants de Melun.

L'intendant, — pas plus que son maître, — n'avait paru se soucier des commentaires faits et renouvelés.

Seulement ce que l'on avait remarqué c'est que, — lors de son arrivée à Melun, — le comte était en grand deuil, — et que depuis quinze ans il portait toujours ce même

grand deuil, décelant évidemment la perte
d'un être chéri.

Cette perte devait remonter à un temps
éloigné, puisque, — depuis son séjour dans
le chef-lieu du département de Seine-et-
Marne, — le comte avait toujours été vu
seul, — mais sans doute le temps écoulé
n'avait point amoindri la douleur, — puisque le deuil n'avait point été quitté, et, —
au bout de quinze ans, — était porté avec
la même rigueur qu'au premier jour.

— Puis un bruit avait circulé, — peu à peu,
lentement, — ce même bruit s'étai propagé
et avait été répété partout : bientôt il s'é-
tait trouvé dans toutes les bouches et avait
fini par former, — pour quelques-uns, —

une conviction qui devait être adoptée par tous.

— Le comte de Grandier est fou ! — avait-on dit.

Et comme personne n'avait parlé au comte, — comme ses domestiques, — eux-mêmes, — avouaient qu'ils ne pouvaient jamais échanger avec lui une parole sans que cette parole fût acceptée et transmise par l'intendant, — comme les monologues perpétuels du comte, — alors qu'il était seul dans sa chambre, — dégénéraient parfois en cris et en pleurs, — en sorte de rugissements furieux, et de gémissements douloureux, — (cris, — pleurs, — rugissements, — gémissements que calmait seule la présence de l'intendant qui s'élançait toujours dans ces moments auprès du vieillard, en ayant soin de verrouiller la porte derrière lui) — on en avait conclu que la supposition faite, faute d'autre plus pausible, — pouvait bien, à tout prendre, n'exprimer que la stricte vérité et chacun avait fini par dire :

— Décidément le comte de Grandier est fou.

X

Le mystère.

Il était dix heures du matin, — le déjeu‑
ner venait d'être terminé.

M. le comte de Grandier était passé dans
sa chambre, — suivant son invariable cou‑
tume.

Le vieillard était en grand deuil, — en‑

core suivant son habitude, — bien qu'il fût revêtu d'un costume de chambre.

Ainsi recouvert de noir des pieds à la tête, — la taille du comte paraissait plus haute, — la maigreur de ses membres plus extrême, — et ses cheveux semblaient plus blancs.

Le vieillard se promenait par la pièce, — d'un pas lent, — les mains croisées derrière le dos, — le front penché, — la physionomie empreinte d'une rêverie profonde.

Il allait incessamment de la fenêtre vers son lit, — recommençant vingt fois la même promenade, — les yeux abaissés vers le tapis qui couvrait le plancher.

— La chambre était meublée très-simplement, — mais avec une sorte de sévérité lugubre.

Les murailles étaient garnies de grands panneaux, — de velours noir uni, — encadrés de baguettes d'ébène ornées de clous aux têtes d'acier poli.

Le tour de glace était en ébène avec des ornements d'acier.

Les garnitures des fenêtres étaient semblables, — larges rideaux de velours noir, — doublés de soie blanche, — relevés avec des embrasses de soie noire et retenus au plafond par des bâtons d'ébène ornés d'acier.

Le lit tout en ébène, — avec son couvre-pieds de velours noir, — des grands rideaux pareils au couvre-pieds, — un haut balda-

quin surchargé de quatre panaches en ébène
sculpté, — avait l'apparence d'un cata-
falque.

Par un caprice bizarre du tapissier ou du
propriétaire, — le tapis de cette pièce sombre était en laine blanche parsemé de ta-
ches noires imitant l'hermine.

Une commode, — un bureau, — également en ébène et surchargés de garnitures
d'acier, — complétaient l'ameublement.

La pendule et les candélabres placés sur
le marbre blanc de la cheminée étaient en
bronze de nuance très-foncée.

La pendule représentait un sujet lugubre,
— sans nul doute commandé spécialement
à un artiste habile...

Une boule, — formant cadran, — imitait la terre et sur cette boule la Mort était figurée avec tous ses funèbres ornements.

La statuette représentant *l'horrible commère*, — comme disaient nos ancêtres, — était haute de près de cinquante centimètres et c'était une œuvre réellement remarquable.

Les candélabres affectaient la forme de torches funéraires brûlant sur un mausolée.

Tout était triste et sombre dans cette pièce à l'aspect funéraire.

Mais une chose, — qui attirait tout d'abord le regard par son originalité, — était la garniture de la commode.

Sur le marbre noir s'élevait un châssis de glace haut de vingt-cinq centimètres, — couvrant tout le dessus du meuble et disposé exactement comme une vitrine d'orfévre.

Sous ce châssis était un bourrelet d'enfant, — une paire de petits souliers de satin blanc ayant pu appartenir à une petite fille de cinq à six ans, — deux toupies d'Allemagne, — un bouquet de violettes fanées et jaunies, et qui devait avoir un âge plus que respectable.

A ces principaux objets s'ajoutaient aussi : — quatre timballes d'argent, — petites, — semblables les unes aux autres et toutes ornées d'une couronne comtale.

Puis on voyait encore, — une poupée défraîchie, — un ménage de petite fille, — un petit navire semblable à ceux que l'on donne aux jeunes garçons, — un abécédaire tout déchiré et tout jauni, — un cahier de papier maculé d'encre sur lequel étaient tracés des *bâtons* par une main mal exercée, et, enfin, un eplume d'oie noircie à son extrémité.

Tous ces objets étaient rangés symétriquement avec un ordre et une propreté dénotant le soin que l'on devait en prendre, et ils s'étalaient sous la vitrine comme des marchandises précieuses sous une montre.

Un beau rayon de soleil, — passant à travers les vitres de la fenêtre, — et tamisé par les rideaux de mousseline blanche, abaissés, — éclairait cette chambre lugubre dans laquelle se promenait silencieusement le vieillard vêtu de deuil.

Tout à coup la pendule fit entendre ce claquement sec qui précède l'instant où l'heure va sonner.

Le vieillard s'arrêta brusquement et se retourna vers la cheminée.

Dix heures et demie sonnèrent.

— Valentine ! — dit le vieillard.

Il regarda autour de lui.

— Allons ! — reprit-il d'une voix douce, — viens donc ! — dis à ton frère René d'amener Marie et Alfred ! — tu m'as entendu ?

Et le vieillard fit un signe affirmatif, — comme se répondant à lui-même.

— Là, — maintenant, — continua-t-il, — venez tous les quatre! voyons! il est l'heure de la leçon, — le professeur va venir. Je veux vous interroger.

« A toi, — d'abord, — René, — tu es l'aîné! — Veux-tu que nous causions de l'histoire de France?

« Où en étais-tu? — au règne de François Ier?

« Non? ah! — c'est vrai! — tu en étais à Henri IV.

« Eh bien! — raconte-moi l'histoire de ce règne!... »

Le vieillard s'assit gravement sur un fauteuil et parut interroger et écouter un être invisible placé devant lui :

— Tu te trompes ! — dit-il, — la femme d'Henri IV n'était pas Catherine, — mais bien Marie de Médicis...

Oui !... Louis XIII... leur fils !.. c'est bien cela !... et les autres enfants ? — après ?

Le comte parut écouter encore avec plus d'attention, et sa physionomie s'illuminait d'une joie douce.

— C'est cela !... c'est bien cela ! — dit-il, — allons ! — je suis content ! — tu seras récompensé ! — c'est très-bien, René !

Et il ajouta, en relevant orgueilleusement la tête :

— Cet enfant est extrêmement intelligent !

« A toi, Valentine ! — reprit-il à voix plus haute.

« Voyons ! — les nouvelles divisions de la France ?...

« Ah ! ah ! — tu sais tes départements aujourd'hui ? — c'est beau cela, ma fille !... Dis-les tous !...

« Oh ! oh ! tu ne manques pas une préfecture !... c'est bien ! c'est très-bien ! je suis content ! viens que je t'embrasse !...

Le vieillard fit mine d'attirer à lui un enfant, et il déposa un baiser dans le vide.

— A Alfred ! — reprit-il, — la grammaire ! — combien y a-t-il de parties du discours ?...

« Non ! il n'y en a pas douze !... Il y en a... combien ?...

« Dix ! à la bonne heure !... nomme-
les !...

Le vieillard se mit à compter sur ses doigts
en paraissant écouter encore.

— Et?... et?... — fit-il brusquement, —
la dernière?...

« Ah ! c'est cela !... allons ! — c'est très-
bien aussi !... je suis content !...

« A toi, ma petite Marie !

« Tu as ton *abécédaire?* — oui ! — tes
lettres !... Qu'est-ce que c'est que celle-là ?...

« A !... bien ! — et celle-ci ? G ! — très-
bien ! — et cette autre ? — P ! — parfait !...
voyons ! dis l'alphabet entier ?... »

Le comte écouta : puis il applaudit des
deux mains.

— Bravo ! — fit-il, — tu es une fille charmante et ton père est content !

Puis, — se levant, il marcha vers la cheminée et tira un cordon de sonnette.

— Vous allez tous être récompensés ! — dit-il en se retournant pour s'appuyer le dos au chambranle, — c'est très-bien des enfants qui travaillent ! — Robert va vous mener manger des gâteaux, et ensuite vous irez dans le jardin !

La porte de la chambre s'ouvrit alors, et l'intendant parut sous la portière de velours noir relevée.

— Robert ! — dit le vieillard.

— Monsieur le comte a sonné ? — demanda l'intendant.

— Oui.

— Que désire monsieur le comte ?

— C'est pour ces enfants !

Le comte désigna le milieu vide de la chambre.

L'intendant abaissa tristement son regard dans la direction indiquée, puis il releva la tête :

— J'attends les ordres de monsieur, — dit-il.

— Ils ont très-bien travaillé, — Robert ! — Je suis très-content, — extrêmement content, — ce sont des enfants sages qu'il faut récompenser ! — tu vas les mener à l'office et leur donner les confiseries que que j'ai dit à Gertrude de confectionner ce matin. — Ensuite, — tu les conduiras dans le jardin.

— Oui, — monsieur.

— Ah! tu prendras garde à l'étang ! Que les enfants ne s'approchent pas surtout.

— Monsieur peut s'en reposer sur Louis.

— Oui! que Louis ne les quitte pas.

— Oui, monsieur.

— Eh bien ! — allez, mes enfants ! — Allez avec Robert et travaillez toujours bien pour que je vous récompense ainsi chaque jour !

Et le vieillard souriant, — avança la main comme s'il eût caressé des chevelures enfantines.

— Il faudra faire couper les cheveux à René, — dit-il. — Ils sont trop longs ! Là !... allez jouer maintenant !

L'intendant s'effaça, — comme s'il eût voulu laisser passer quelqu'un devant lui, — puis il dit en se tournant vers son maître :

— Monsieur a-t-il besoin de moi !

— Oui, — dit le comte, — reviens dès que tu auras remis les enfants à Louis ? — Je vais m'habiller.

— Monsieur veut sortir ?

— Sans doute ! comme à l'ordinaire. Je vais passer dans mon cabinet de toilette.

Robert laissa retomber la portière et disparut.

Il traversa, — lentement, — dans toute

sa largeur le salon et il revint ensuite vers la chambre.

Il releva de nouveau la portière : la chambre était déserte.

Robert la traversa, souleva une autre portière et passa dans une pièce d'aspect moins lugubre et meublée en acajou.

C'était un grand cabinet de toilette, — parfaitement aménagé.

Le comte était assis devant une petite table, — sur laquelle il y avait papier, — encre et plumes, — et il écrivait.

En entendant entrer Robert il releva la tête.

Cette tête avait changé complètement d'expression.

Le vague qu'il y avait dans le regard avait disparu. L'œil était bien ouvert et rempli d'un feu intelligent.

— Ah! c'est vous, — Robert? — dit le comte comme s'il n'eût pas encore vu son intendant.

— Oui, — monsieur, — répondit Robert.

— Est-ce que vous avez vu le fermier de la Guilloué?

(La Guilloué était la terre que possédait le comte aux portes de Melun et qu'il allait visiter chaque jour.)

— Pas encore, — répondit Robert.

— Cependant il devait venir ce matin ici.

— Oui, monsieur.

— Ce Richard ne me fait pas l'effet d'un

honnête homme, — Robert, — il faudra veiller sur lui. — Je suis bon, — vous le savez, — mais je ne suis pas faible. Je veux que chacun gagne largement sa vie autour de moi, mais je prétends n'être ni trompé, — ni dupé. Que diable ! — je connais les produits des récoltes aussi bien que Richard, et j'affirme qu'il me trompe ou qu'il calcule mal à propos le blé du champ numéro 4 !

— Je crois effectivement que monsieur a raison !

— Parbleu !

— Au reste, Richard l'a senti, car, — hier, — lorsque je lui ai transmis les observations que monsieur m'a faites, — il est devenu tout penaud et il n'a rien trouvé à répondre.

— Il faudra s'assurer de la fidélité de cet homme, — Robert, — s'il me trompait, — on casserait sur l'heure les engagements.

— Oui, monsieur.

— Est-il venu des lettres ce matin ?

— Non, monsieur.

— C'est singulier ! — dit le comte, — René ne m'écrit pas ! Cependant il devait me donner des nouvelles de Valentine. Elle était souffrante. A propos, a-t-on préparé les chambres ?

— Quelles chambres ? — demanda Robert.

— Eh bien ! mais ! celles de mes enfants !

Ne sais-tu pas que René et Valentine arrivent demain?

Robert regarda son maître en hésitant à répondre.

Tout à coup celui-ci se leva, — marcha vers l'intendant, et, — lui saisissant le bras, il l'entraîna dans un angle :

— Je vais revoir mes enfants, — dit-il à voix basse et avec un accent très-ému. — Ils doivent arriver ici!... René et Valentine demain, — Marie après-demain, — Alfred dans trois jours! mais silence, — Robert! ne dis pas un mot qui puisse faire supposer, — même aux domestiques, — que ces enfants soient les miens! Tu sais quels malheurs cette révélation attirerait sur leurs têtes! Ils m'appelleront *monsieur* et moi je

ne dirai jamais mes *fils* ni mes *filles !* Ce sera
une grande douleur pour mon pauvre cœur,
— mais la joie de les revoir effacera cette
douleur profonde. Ah ! je vais être bien
heureux. Robert ! songe donc ! Il y a vingt-
ans que je ne les ai vus !... mes enfants !...
mes enf...

Le comte s'arrêta ! — Ses yeux étaient dé-
mesurément ouverts et sa respiration paraissait s'être arrêtée dans sa gorge.

Robert le saisit et le fit asseoir sur un
siége.

XI

Le diseur de bonne aventure.

Dans une belle pièce du second étage de
cet hôtel de Grandier, dans lequel nous venons d'introduire le lecteur, un homme et
une femme étaient placés en face l'un de
l'autre, — l'un debout, — l'autre assis.

L'homme était Lambert d'Arcourt, — ce-

celui que nous avons vu arrêter chez Rosine.

La femme, — c'était Adolphine Buchené,
— l'épouse du malheureux Anténor, dont la
disparition avait fait si grand bruit lors du
repas offert par M. Guilloché.

Adolphine avait le mouchoir sur les yeux,
et elle semblait en proie à une douleur profonde.

Lambert, debout devant elle, contemplait
la jeune femme d'un regard doucement inquiet.

— Quoi ! — lui disait-il avec émotion, —
vous m'aimiez ?

— Oui, — balbutia Adolphine.

— Cependant, jamais cet aveu n'est sorti

de vos lèvres alors que je vous pressais de le faire.

— Je vous aimais, Lambert, et je ne pouvais vous le dire.

— Pourquoi ?

— Il y avait entre nous un homme auquel j'étais contrainte d'obéir, comme je le suis encore maintenant.

— Un homme, dites-vous ?

— Oui.

— Qui donc ?

— Ne le devinez-vous pas ?

— Quoi !... encore ce Raymond ?

— Toujours lui ! oui ! Cet homme est un

mauvais génie attaché à mes pas! Si vous saviez tout ce qu'il m'a fait souffrir!...

— Lui!...

— Je vous aimais, — Lambert, — poursuivit Adolphine. — J'écoutais avec enivrement les douces paroles que vous murmuriez à mon oreille, je recevais vos lettres avec joie. La lecture de chaque ligne écrite par vous était un bonheur ineffable dont mon cœur était fier...

— Adolphine! — s'écria Lambert.

Puis s'arrêtant soudain :

— Mais cet homme! ce Raymond! — reprit-il.

— Il m'a forcée à faire taire les senti-

ments qui m'agitaient, — dit Adolphine. —
Il m'a forcée à vous repousser.

Rappelez-vous notre dernière entrevue, —
un mois avant mon mariage, — vous étiez
plus tendre et plus pressant...

— Oui ! — interrompit Lambert, — et
vous m'avez repoussé, et je vous ai quittée
le désespoir dans le cœur !

— C'était Raymond qui l'avait exigé.

— Mais, — si vous m'aimiez, — pourquoi
en avoir épousé un autre?

— Raymond me contraignit encore !

— Pourquoi ne m'avoir pas prévenu ?

— Raymond me faisait surveiller.

— Quoi ! ce misérable a-t-il donc sur vous
un empire aussi despotique?

— Vous le voyez bien, — puisque je suis ici.

— Mais que lui êtes-vous donc?

— Rien !

— Alors pourquoi cette domination ?...

Adolphine se leva et saisit les mains de Lambert.

— Il s'agit d'un secret, — dit-elle.

— Quel secret? — murmura Lambert.

— Je ne puis vous le confier.

— Pourquoi?

— Ce n'est pas le mien...

— Mais, cependant...

— Silence, mon ami! c'est celui de ma mère!...

Et Adolphine se détourna pour essuyer les larmes qui inondaient son visage.

Lambert se rapprocha d'elle avec empressement.

Il la força à s'asseoir, — puis attirant à lui un tabouret de velours, — il se plaça à ses pieds.

— Dans notre situation étrange, — dit-il, — la franchise la plus absolue est la première condition entre nous.

Nous sommes lancés dans une voie ténébreuse, dont nous ignorons le dangereux parcours

Nous avons des ennemis puissants contre lesquels il faut que nous luttions : pour combattre, il faut que nous connaissions les forces dont chacun de nous peut disposer. Nous devons donc tout nous dire sans ménagement.

Depuis hier soir, — Adolphine, — depuis que je me suis trouvé réuni à vous dans cette maison, — je vous ai fait la confession de ma vie entière.

Je ne vous ai rien caché, — rien, même de la relation de mes amours avec Eulalie, — la femme de ce monstre.

Ai-je jamais aimé cette femme! — je ne le crois pas. — J'ai obéi auprès d'elle à un entraînement irrésistible : j'ai succombé à une tentation en lui disant que je l'aimais ; mais ce que je ressentais, ce n'était que l'apparence de l'amour, ce n'en était pas la réalité.

Non ! je n'ai jamais aimé Eulalie : elle me plaisait, elle me séduisait.

Celle que j'aime, celle que je devais aimer, c'est vous, Adolphine ! Oh ! ne me repoussez pas ! — ne détournez pas la tête. — Il y a, — entre nous, — un obstacle insurmontable qui fera désormais notre malheur.

Aimez-moi comme je vous aime et soyez sans crainte !

Le sentiment que vous m'avez inspiré est d'une pureté telle que, si j'eussé été heureux de vous nommer ma femme, — j'aurais honte de moi-même, — si je voulais faire de vous ma maîtresse.

Depuis que vous êtes perdue pour moi, — j'ai tout tenté pour vous oublier...

Je n'ai pu réussir !...

Dieu m'est témoin que jamais je n'eusse rien fait pour me rapprocher de vous, et la circonstance terrible qui nous rapproche a été indépendante de ma volonté.

Enfin, — je vous ai tout dit, — Adolphine, — mon cœur n'a aucun secret pour vous.

Vous connaissez l'influence fatale que ce Raymond a eue sur ma vie, — ne me cachez donc pas celle qu'il peut avoir sur la vôtre

Unissons-nous pour lutter : trouvons la force de repousser le rôle ignoble que l'on nous a imposé...

— Vous avez raison, — Lambert ! — s'écria Adolphine, — nous ne devons pas avoir de secret l'un pour l'autre.

Vous m'avez tout dit... Eh bien ! moi, — à mon tour, — je vais tout vous dire.

Je ne suis pas la fille de l'homme qui m'a élevée !...

— Vous !... s'écria Lambert avec étonnement.

— Je suis orpheline !

— Ainsi Buchené...

— N'est pas mon père.

— Mais...

— Il m'a élevée. Il a reçu jadis une somme assez importante pour me prendre et m'adopter.

— Mais qui êtes-vous donc ?

— Je vais vous le dire. Écoutez-moi attentivement et ne perdez pas une de mes paroles.

Il y a quinze ans maintenant, — une honorable famille, que j'appellerai celle du marquis de G....., habitait un magnifique château aux environs de Versailles.

Le marquis de C... vivait là avec sa jeune femme qu'il adorait.

L'union bien assortie des deux époux, — avait vu un lien puissant venir encore en resserrer les chaînes.

Un enfant était venu au monde quelques années plus tôt.

Cet enfant avait cinq ans alors, et c'était

une ravissante petite fille. Elle se nommait
Armande.

Une maladie grave de sa mère , alors
qu'elle venait de donner le jour à la chère
créature, ne lui avait pas permis d'être élevée tout d'abord au château.

Madame de C... avait voulu une nourrice
près d'elle pour être mieux à même de veiller sur sa fille ; — mais l'intendant, — qui
se nommait Langloy, — déclara après nombreuses recherches n'avoir pas trouvé dans
les environs une femme possédant les qua-
-lités exigées.

Ce Langloy avait déjà parlé d'une sœur à
lui, — habitant à douze lieués de là,— mère
de famille, — s'offrant pour nourrice, —
mais ne voulant pas quitter son ménage.

Il vantait tellement sa sœur, — que le

marquis, — qui croyait connaître Laugloy,
qu'il avait à son service depuis plusieurs années, et qui avait foi en son dévoûment pour
lui et les siens, — le marquis finit par con-
sentir à faire venir la sœur et à lui confier sa
fille.

La maladie, — à laquelle la pauvre mère
était en proie, — rendait l'absence de l'enfant moins pénible.

Armande fut donc emportée en nourrice.

La marquise fut longtemps clouée sur son
lit de souffrance : sa maladie dura plus de
deux années, et donna constamment les
craintes les plus sérieuses.

Pendant ces deux années, Armande fut
amenée au château tous les trois mois, et
chaque fois le père remarquait dans l'enfant
des changements en bien qui le charmaient.

Enfin la marquise guérit.

Sa première pensée, en revenant à la santé, — fut de reprendre près d'elle sa fille chérie, à l'éducation de laquelle elle voulait se consacrer.

Armande, — revenue auprès de ses parents, — grandit au château et devint bientôt une charmante enfant, dont son père et sa mère pouvaient, à juste droit, se montrer fiers.

Bientôt elle atteignit cinq ans.

A l'époque où Armande faisait ainsi la joie de ses parents, — ceux-ci reçurent subitement la nouvelle de la mort d'un oncle de madame de C..., — lequel laissait — en mourant — tout son bien à sa nièce.

L'héritage à recueillir nécessita un voyage. Le marquis et la marquise partirent et, —

ne pouvant emmener Armande, dont la présence eût gêné les nombreuses affaires à terminer, — ils la laissèrent au château.

Seulement, avant de partir, — ils firent venir la nourrice et son mari, et leur recommandèrent de ne pas quitter l'enfant pendant leur absence. Le mari de la nourrice se nommait Maurice Lesourd, et sa femme s'appelait Madeleine.

Un jour, — pendant l'absence de ses parents, — Armande était allée dans un château voisin chez une amie de sa mère, laquelle avait deux filles qui étaient les compagnes d'Armande.

On donnait un bal d'enfants, et on avait fait venir de Paris des prestidigitateurs et des montreurs de marionnettes pour mieux récréer la petite assemblée.

Parmi les grandes personnes invitées au bal était une vieille dame, qui avait la manie de la cartomancie, et qui avait une foi aveugle dans les diseurs de bonne aventure.

Cette vieille dame avait pris avec elle les enfants et, — durant la plus belle heure de la journée, — elle les avait emmenés jusqu'au prochain village dont c'était la fête.

Des boutiques étaient dressées de tous côtés, et parmi ces boutiques s'en trouvait une de *tireur de cartes*.

La vieille dame, — poussée par sa passion dominante, — s'approcha du cartomancien et écouta sa parade.

Le diseur de bonne aventure, — en voyant cette troupe d'enfants s'approcher de sa boutique et l'entourer, — comprit que, s'il était adroit, — il y avait là pour lui une occasion de fortune.

Il se mit donc à amuser la petite assemblée par son babil le plus attrayant, et par se livrer à une foule de tours qui faisaient épanouir joyeusement tous ces frais visages et battre ces petites mains.

Enfin, le *cartomancien*, — passant à son exercice favori, — proposa de dire l'avenir de tous ces grands hommes en herbe et de ces grandes dames en expectative.

La vieille dame accepta, et l'opération commença aussitôt.

Tous les enfants présents étaient de famille noble, et avaient dans leurs veines le sang le plus pur de la vieille aristocratie française.

Sans doute le cartomancien connaissait

de vue quelques-uns des enfants et savait
les noms de leurs pères, car les premiers
dont il examina la main, — il leur dit sur
leur origine, — sur leur famille, — sur leur
position des choses tellement vraies, que les
enfants commençaient à avoir peur du ma-
gicien et que la vieille dame demeurait
émerveillée.

Enfin, après avoir successivement interrogé toutes ces petites mains, il en arriva à
celle d'Armande.

La petite fille se tenait debout et atten-
dant avec une complaisance parfaite que
le diseur de bonne aventure eût achevé son
opération.

— Oh! oh! — fit-il tout à coup en se
redressant.

— Quoi ? — demanda la vieille dame en s'avançant.

— Il y a de l'ivraie dans le bon grain.

— Que voulez-vous dire ?

— Que tous ceux-là sont ou seront un jour des comtes, des ducs ou des marquis, et que celle-là n'est rien du tout.

— Comment ? — dit la vieille dame avec étonnement.

— Sans doute !

— Cette petite fille, — (et elle désignait Armande), — n'est pas de sang noble ! dites-vous ?

— Pas plus noble que le mien !

Un éclat de rire des auditeurs accueillit cette réponse, car des invités du château étaient venus se joindre aux enfants et écoutaient le cartomancien.

XII

Armande.

Chacun savait que le marquis de C..., le père d'Armande, était issu de l'une des plus vieilles familles noblés du Poitou, et que sa femme descendait des Rohan.

La noblesse du sang d'Armande était in‑ contestable.

En présence des éclats de rire qui accueillirent ces paroles, — le cartomancien demeura impassible.

— J'ai dit ! — fit-il simplement.

— Eh bien ! vous vous trompez ! — dit un des assistants.

— Non !

— Vous soutenez que cet enfant n'est pas de sang noble ?

— Je le soutiens !

— Vous ne savez ce que vous dites !

— J'affirme ce que je dis pour vrai !

— Hein ?

— Cette petite fille est l'enfant d'un paysan !

Un murmure d'indignation causé par l'entêtement du diseur de bonne aventure, accueillit son affirmation étrange.

On le paya, et on s'éloigna.

Armande avait paru frappée par ce qu'avait dit cet homme, et elle pleurait.

La vieille dame elle-même était préoccupée.

Sur le point de rentrer au château, — elle appela un valet qui l'avait suivie pour accompagner les enfants.

— Claude ! — dit-elle.

— Madame ? — répondit le valet en s'avançant.

— Vous allez retourner au villàge.

— Oui, madame.

— Vous avez remarqué ce tireur de cartes ?

— Celui qui a dit la bonne aventure à ces messieurs et à ces demoiselles ?

— Oui.

— Alors madame veut dire la *tireuse de cartes*.

— Comment?

— Dame! oui.

— Mais non, je parle d'un *tireur* de cartes et non d'une *tireuse*.

— Oh! je sais bien!

— Alors pourquoi me parlez-vous d'une tireuse?

— Parce que l'homme c'est une femme!

— Qui cela? — demanda avec impatience la vieille dame qui ne comprenait pas.

— Eh bien! l'homme!

— Quel homme?

— Le tireur de cartes donc!

— C'est une femme?

— Oui, madame!

— Pas possible!

— J'ai l'honneur d'affirmer à madame que j'en suis convaincu.

— Pourquoi ? comment ?

— Avant que madame ne vînt à la fête avec les enfants, — reprit le valet, — ce matin, je me promenais. La boutique du tireur de cartes était fermée.

J'en ai vu sortir une femme.

Elle est allée au cabaret. Je n'y avais pas fait grande attention, et puis au bout d'un quart d'heure, je vois revenir un homme.

Je regarde. Il ressemblait à la femme comme deux gouttes d'eau.

Je me suis mis à rire et j'ai interrogé les autres marchands.

— C'est une femme, cet homme-là, — que j'ai dit.

— Oui ! — qu'ils m'ont répondu. — Elle

se déguise en homme pour faire plus d'argent, parce que les tireurs de cartes, ça se
paye plus cher que les tireuses.

La vieille dame réfléchit longuement.

— Raison de plus pour retourner au village, — dit-elle, — vous direz à cet homme
ou à cette femme, qu'il faut venir au château, et vous le ramènerez ou la ramènerez.

— Oui, madame.

Le valet courut au village. Une heure
après, il revenait seul.

— Eh bien ? — lui demanda la vieille
dame.

— Plus personne, madame, — répondit
Claude.

— Comment ?

— Elle était partie !

— Déjà !

— Sitôt que madame et les enfants se sont en allés, la vieille sorcière a fermé boutique.

— C'est étonnant !

— J'ai encore fait jaser les voisins ! — reprit Claude.

— Et qu'avez-vous appris ?

— Que l'homme est bien une femme.

La conversation et les renseignements en demeurèrent là.

Au château on parla de la méprise du tireur de cartes, mais on oublia vite cette particularité qui ne demeura gravée que dans la mémoire de deux êtres : celle de la vieille dame et celle d'Armande.

Quand le marquis et la marquise revinrent, — personne ne leur parla de la scène

du tireur de cartes, et Armande n'en dit pas
un mot à ses parents.

La chère petite avait paru blessée au plus
haut point, de ce qu'avait dit le sorcier.

Six mois s'écoulèrent...

Un matin, la marquise et son mari, tous
deux dans leur chambre, s'entretenaient de
leur fille et parlaient du genre d'éducation
qu'il fallait adopter pour elle.

Au milieu de cette conversation un valet
de chambre parut.

C'était un des plus anciens serviteurs de
la famille : l'un de ceux que le marquis affec-
tionnait le plus.

Il annonça à ses maîtres qu'une dame
accompagnée d'une jeune fille venait d'entrer au château, et demandait instamment à
parler au marquis.

Celui-ci demanda le nom de la visiteuse :

— Elle a refusé de le dire, — répondit le valet.

— Tu ne la connais pas? — demanda le marquis.

— Non, — monsieur.

— Tu ne l'as jamais vue venir ici?

— Jamais.

— Quel genre de femme est-ce?

— Elle a l'air assez comme il faut.

— Et la petite fille? — demanda la marquise.

— Oh! — elle est charmante, — répondit le valet, — elle est aussi jolie que mademoiselle, à peu près du même âge.

— Il faut voir ce que veut cette visiteuse, mon ami, — dit la marquise

Le marquis passa au salon.

Là, — il vit au milieu de la pièce une petite fille de cinq à six ans, qu'il trouva charmante.

L'enfant était seule et tenait à la main une lettre cachetée.

— Où est la personne qui est venue avec cet enfant? — demanda le marquis.

— Elle est partie, — répondit son domestique.

— Partie?

— Oui, monsieur.

— Et elle a laissé cette petite fille seule, ici?

— Oui, monsieur.

— Comment cela se fait-il? — Qu'est-ce que cela signifie?

— Je ne sais pas, monsieur.

— Mais enfin, qu'a dit cette dame ?

— Elle a demandé monsieur. — Elle est entrée dans le salon et on est allé prévenir monsieur. Pendant ce temps, la dame est partie sans dire un mot.

— Voilà qui est étrange ! — dit le marquis.

Il revint vers l'enfant, qui demeurait immobile, tenant toujours sa lettre à la main.

Le marquis prit cette lettre et interrogea l'enveloppe. La missive lui était adressée.

Le marquis rompit le cachet de l'enveloppe, l'ouvrit, et en tira un papier qu'il dé plia.

Voici ce qu'il lut :

Et Adolphine fouillant dans la poche de sa robe, en tira un papier qu'elle déplia et qu'elle présenta à Lambert.

Celui-ci prit le papier et l'examina.

— Lisez! — dit Adolphine.

Lambert obéit :

— *Monsieur*, lut-il à voix haute, — *il y a cinq ans et demi aujourd'hui, — cédant à de criminelles intentions, et surtout à la sollicitation de ma femme, — je commis un horrible crime dont je m'accuse à cette heure et que je veux essayer de réparer en partie par ma révélation.*

Ce jour funeste, — dont je vous parle, — votre fille légitime fut enlevée de son berceau et un autre enfant, qui ne vous appartenait par aucun lien, fut mis à la place du vôtre.

Depuis lors, cet enfant, cette autre fille que vous avez accueillie, a été regardée par vous comme votre propre sang, et elle occupe, dans votre hôtel, la place ravie à la légitime héri-

tière, tandis que celle-ci vit malheureuse et dé-
laissée dans une obscure chaumière.

Tant que ma femme a vécu j'ai gardé le silence, — car elle avait sur moi un ascendant
dont je rougis aujourd'hui.

J'ai dû, — malgré les remords qui me ron-
geaient le cœur, — cacher cette horrible substitution.

La mort de Madeleine, — arrivée il y a quatre jours, — ne me permet plus aujourd'hui de
me taire, et — si je dois être puni, — c'est sur
moi seul que j'appelle la rigueur des lois.

Je vous envoie donc, monsieur le marquis,
votre véritable enfant.

C'est elle qui vous remettra cette lettre. Ren-
dez-lui la place qui lui est due : je recevrai en
retour la pauvre malheureuse à laquelle j'en-

lève une brillante existence, mais que je dois remettre à ses parents.

Puissé-je lui faire rendre en tendresse ce qu'elle aura perdu en fortune.

Je suis prêt à soutenir en justice tout ce que j'avance.

J'espère, — qu'en faveur de mon aveu que rien ne provoquait, — vous daignerez, — monsieur le marquis, — me continuer votre protection, et que vous ne me livrerez pas aux mains de la justice.

J'ai l'honneur, d'être, — monsieur le marquis, — votre très-humble et très-respectueux serviteur.

Signé : MAURICE LESOURD.

Lambert regarda la lettre qu'il venait de lire avec stupéfaction. Puis, il la replia et la remit à Adolphine.

— Eh bien ? — dit-il.

— Vous devez comprendre, — reprit la jeune femme, — la stupéfaction du marquis.

Bouleversé, — atterré par cette révélation inattendue, — il courut auprès de sa femme.

Celle-ci fut anéantie, — foudroyée.

Le père et la mère demeurèrent ainsi, — ne pouvant en croire leurs yeux et reprenant, — relisant, — rejetant tour à tour cette lettre qui apportait dans leur âme une angoisse aussi poignante.

Enfin la marquise se leva d'un bond en poussant un grand cri.

— Mon enfant ! — dit-elle ; — mais cette petite fille qui est là est ma fille, alors !

Et elle se précipita, — d'un élan, — vers

le salon dans lequel la petite fille était de-
meurée seule après le départ du marquis.

En ce moment une voix joyeuse fit entendre des cris enfantins.

— Maman ! maman ! — criait la voix.

Et Armande, — qui revenait du jardin où
elle jouait depuis le matin, — s'élança à son
tour dans la pièce.

— Ah ! — fit-elle en s'arrêtant et en regardant la petite fille que la marquise venait de saisir dans ses bras. — C'est pour
jouer avec moi que tu as acheté une autre
petite fille ?

XIII

Le doute.

— Vous comprenez, — continua Adolphine après un moment de silence,—quelle étrange situation était celle du marquis et de la marquise.

Dans le premier moment, — tous deux crurent à la véracité des déclarations faites

par une âme repentante, et ils entourèrent
de soins et d'affection la pauvre enfant qu'ils
pensaient être la leur.

— Comment se nommait cette enfant? —
demanda Lambert.

— Je vous dirai son véritable nom tout à
l'heure, — répondit Adolphine. — Laissez-
moi l'appeler Julie.

Julie fut donc fêtée, — cajolée, — adulée
au grand ébahissement d'Armande.

Mais comme le marquis et sa femme
avaient tous deux un cœur excellent, ils
évitèrent, — devant Armande, — de rien
laisser voir de ce qu'ils ressentaient.

Julie fut donc installée auprès d'Armande,
— mais les deux époux poussèrent la prudence jusqu'à ne rien laisser deviner, —
même aux domestiques, — de ce que pou-

vait être la nouvelle enfant recueillie d'une manière si étrange.

Cepeudant les jours s'écoulèrent : le marquis et la marquise réfléchissaient.

Leur premier soin avait été d'envoyer chercher Maurice Lesourd, mais on ne l'avait plus trouvé.

Sans doute le malheureux avait eu peur des poursuites que l'on pouvait intenter contre lui et il s'était caché.

Il fut impossible de le découvrir.

Les premiers moments d'enthousiasme passés, — le marquis et la marquise, — attirés vers Armande par les qualités qu'ils avaient développées en elle, et ne pouvant briser d'un seul coup toute l'affection qui les unissait à celle qu'ils avaient jusqu'alors nommée leur fille, — le marquis et la marquise sentirent leur anxiété redoubler.

Leur embarras était réellement énorme.

Il y avait un obstacle auquel ils n'avaient pas réfléchi d'abord, — obstacle qui faisait la force de la position d'Armande : c'était la prise de possession depuis cinq ans et demi.

Ensuite, il n'y avait pas d'autre preuve de l'identité de la fille véritable — (si Julie était réellement la fille du marquis), — que cette lettre écrite par un homme que l'on ne pouvait parvenir à retrouver.

Dans cet embarras extrême, — le marquis prit la résolution de laisser provisoirement les choses en même état.

Armande continua à passer pour la fille

unique du marquis, et Julie fut regardée comme une orpheline recueillie.

Cependant le marquis, désirant ardemment arriver à l'éclaircissement de la situation, résolut de se livrer à une enquête suivie et minutieuse.

Des hommes intelligents, des magistrats, des jurisconsultes furent mis dans le secret.

La plupart déclarèrent que l'aveu du père nourricier ne suffisait pas : quelques-uns émirent une opinion contraire.

La chose cependant ne put rester absolument cachée.

Elle s'ébruita peu à peu, et un beau jour elle éclata avec bruit.

Comme dans tous les cas semblables, — deux partis se formèrent aussitôt.

L'un se déclara le partisan de Julie et accusa le marquis et la marquise de ne pas agir assez vite ni assez énergiquement.

L'autre soutint qu'Armande était bien la fille légitime, et que la lettre de Maurice Lesourd était une plaisanterie méritant d'être traitée comme telle.

La vieille dame et ses amis se rappelèrent, —à ce propos,—la scène du tireur de cartes.

Cette scène répétée, — commentée, — devint une thèse inépuisable de conjectures plus insensées les unes que les autres.

Le marquis, — auquel on la confia, — demanda avec instance tous les détails.

Il fit venir Armande et, — en présence de sa femme, — il l'interrogea.

L'enfant n'avait rien oublié de cette affaire qui avait frappé vivement sa jeune imagination.

Toutes les circonstances dont avait été accompagnée cette scène lui revinrent en mémoire sous les questions réitérées de son père.

La vieille dame consultée rapporta ce qu'elle savait et parla de la supposition faite par le valet que le *tireur de cartes* n'était qu'une femme déguisée.

On manda le domestique.

Interrogé, — il maintint son dire et répéta mot pour mot ce qui avait été dit jadis.

Il affirma que dans le cabaret du village, il avait vu entrer une femme et ressortir un homme.

Une année ne s'était pas écoulée ; il devait être facile d'avoir des indices.

Le marquis et tous ceux qu'il avait pris pour conseil dans cette affaire épineuse résolurent de se transporter au cabaret indiqué.

Sur ces entrefaites on trouva Lesourd qui, — après avoir écrit une nouvelle lettre au marquis, — se présenta de lui-même au château.

Il répéta tout ce qu'il avait écrit.

Le marquis qui n'était plus maître de l'affaire, — car la justice s'en était saisie, — fut contraint de laisser mettre Lesourd en état de surveillance.

On se transporta au cabaret du village où avait eu lieu la métamorphose affirmée par le valet.

On n'eut pas peu de peine à remettre le propriétaire sur la voie de ce qu'on lui demandait, mais enfin il parvint à recueillir ses souvenirs.

Alors il déclara qu'un paysan des environs, — dont il ignorait le nom, — lui avait loué une chambre à cette époque, qu'il avait amené avec lui une femme et qu'ils avaient séjourné tous deux durant la fête du pays.

— Se déguisèrent-ils ? — demanda-t-on.

— Oui, — répondit le cabaretier, ils s'amusèrent à nous donner la comédie. La femme prenait les habits de l'homme, et l'homme les habits de la femme. Oh ! c'était bien drôle et j'en ris encore quand j'y pense.

On demanda le signalement de chacun des deux individus.

Le signalement de la femme, — décrit par le cabaretier, — correspondait absolument à celui du tireur de cartes tel que l'avaient donné la vieille dame, les enfants et le valet.

Quant au signalement de l'homme, — par un mystère étrange, — il se rapportait absolument à celui de Lesourd.

Cette révélation fit incident.

Lesourd interrogé, — hésita, — balbutia, — puis finit par avouer tout.

Il se reconnaissait l'auteur de la comédie jouée durant la fête du village.

— Mais dans quel but avoir agi ainsi? — lui demanda-t-on.

— Pour me punir de mon infâme substitution, — répondit-il, — et pour mieux préparer le triomphe de la vérité.

Je dois vous dire, — ajouta Adolphine, — en s'interrompant, — que Langloy, — l'ancien intendant du marquis, — celui qui ayait si fort insisté pour qu'on confiât Armande à sa sœur, — avait quitté depuis deux années le service de ses maîtres.

Se prétendant malade, — il avait obtenu du marquis une petite pension viagère, et il vivait retiré du monde, — dans une petite maison qu'il possédait au fond de la Normandie.

— Très-bien ! — dit Lambert.

— Vous comprenez ? — reprit Adolphine.

— A merveille.

— Vous avez saisi tous les incidents ?

— Tous ?

— Et cela vous intéresse ?

— Plus que je ne saurais le dire.

— Je continue alors.

— Et j'écoute !

— La raison donnée par Lesourd, —

pour justifier la scène du tireur de cartes, — parut mauvaise.

Un tel manége, — avoué après force hésitations, — ne plut pas.

De l'état de surveillance, — on fit passer Lesourd à l'état d'arrestation et la justice continua à informer.

Cependant toute chance de lumière nouvelle à jeter sur cette ténébreuse affaire, — paraissait perdue.

On ne faisait plus un seul pas en avant. Le marquis se désespérait et sa femme venait de tomber malade par suite des émotions éprouvées.

On avait découvert néanmoins que Lesourd ne savait ni lire ni écrire.

On l'interrogea à l'endroit de la lettre qu'il avait adressée au marquis et, — après des hésitations nouvelles, — il dit que cette lettre, effectivement, n'avait pas été écrite de sa main, mais qu'elle avait été dictée par lui et écrite par un de ses beaux-frères, maître clerc chez un huissier de Paris.

Ce clerc d'huissier se nommait Lécrou...

— Lécrou!... — répéta Lambert.

— Oui.

— Un agent d'affaires?

— Je crois que oui.

— Je connais cet homme !

— Ah !

— C'est un misérable.

— Vous croyez?... — dit Adolphine vivement.

— J'en suis sûr! — Quel rôle a-t-il joué dans cette affaire?

— Je vais vous le dire :

Ce Lécrou avait paru prendre la part la
plus vive au chagrin qu'éprouvait le marquis, — et lui avait solennellement promis
d'user de toutes les ressources que lui donnait sa parenté avec Lesourd pour arriver à
connaître la vérité.

Le marquis avait promis une somme assez
forte au clerc d'huissier, mais, — par suite
d'une convention particulière et qui répon-
dait aux propres désirs du gentilhomme, —
il avait stipulé le double de la somme pro-
mise au cas où il serait prouvé qu'Armande
était bien réellement sa fille.

Lécrou possédait un chien, — un épagneul, animal plein de vivacité et de gen-
tillesse, — qui suivait partout son maître
et auquel celui-ci ne cessait d'accorder une
dose d'intelligence extraordinaire.

Un matin que Lécrou était chez le marquis, compulsant avec lui une foule de pièces relatives à l'affaire pendante, — il s'aperçut qu'un papier manquait.

Après quelques recherches minutieuses, — Lécrou retrouva la pièce perdue, — et prenant sujet de ce petit événement :

— Oh ! — dit-il, — *Fidèle* (c'est ainsi que se nommait l'épagneul) trouve tout ce qui se perd et, à mon défaut, il nous eût tiré d'embarras.

Le marquis sourit.

— Vous ne croyez pas? — reprit Lécrou.

— J'avoue que je doute qu'un chien puisse avoir cette intelligence, — dit le marquis.

— Vous allez voir.

Lécrou prit le chien et le mit dehors, puis, — la porte refermée, — il pria le

marquis de prendre un papier et de le cacher dans la chambre dans un endroit quel-
conque, — à la condition cependant, — que
cet endroit était à la portée du chien.

Le marquis obéit par distraction.

Le papier caché, — Lécrou appela *Fidèle*
et l'introduisit de nouveau dans la chambre.

Ensuite, il se promena avec agitation, —
s'arrêtant, — et se parlant à lui-même, —
paraissant extrêmement préoccupé.

Fidèle regardait son maître et suivait de
l'œil tous ses moindres mouvements.

Lécrou parut de plus en plus agité. Enfin,
il se laissa tomber dans un fauteuil en ma-
nifestant tous les signes d'un véritable désespoir.

L'épagneul s'approcha en agitant la queue et en pleurant.

— J'ai perdu ! j'ai perdu ! criait Lécrou.

L'épagneul grognait doucement.

— Cherche ! — lui dit tout à coup le clerc d'huissier.

Fidèle aboya, — puis il parcourut la chambre, — cherchant, — furetant avec un soin et une activité merveilleux.

Cinq minutes ne s'étaient pas écoulées qu'il avait trouvé le papier caché cependant parfaitement.

— C'est étonnant ! — dit le marquis avec admiration.

— Ah ! — fit Lécrou en riant, — *Fidèle* serait un admirable agent de police.

— Cela est vrai.

— Mais j'y songe ! — dit Lécrou comme

frappé par une idée subite, — si nous utilisions *Fidèle?*

— Comment?

— Pour notre affaire.

— Et à quel propos pouvons-nous utiliser votre chien?

— On a fait des recherches dans la maison de Lesourd, — mais on n'a rien trouvé. Qui sait ce que *Fidèle* pourrait découvrir.

Le marquis regarda Lécrou.

— Je n'ai pas grande confiance en ce que l'on pourrait trouver là, — dit-il, — mais enfin...

— Essayons!

— Soit! — essayons!

— Quand partons-nous?

— Quand vous voudrez.

— Demain, voulez-vous que nous allions ensemble à l'habitation de Lesourd?

— Soit!

— Je préviendrai le commissaire de police de Versailles.

— Pourquoi?

— Pour qu'il vienne avec nous et qu'il constate.

— J'y consens!

— A demain, alors?

— A demain!

Les deux hommes se quittèrent.

Lécrou repartit pour Paris, — emmenant avec lui *Fidèle*, — et le marquis retourna auprès de sa femme.

Il attachait une si minime importance au moyen inventé par le clerc d'huissier,—qu'il ne parla même pas de *Fidèle* à la marquise.

Celle-ci passait ses heures entre Armande et Julie, qui toutes deux l'appelaient *maman* et qu'elle nommait également ses filles.

La pauvre mère vivait dans une anxiété constante qui altérait visiblement sa santé.

Elle se demandait à chaque minute laquelle de ces deux petites filles était son enfant.

Elle interrogeait son cœur, et la voix du sang semblait crier tantôt en faveur de l'une, — tantôt en faveur de l'autre.

Armande et Julie vivaient en bonne intelligence, — ne paraissant se soucier de rien autre chose que de s'amuser et de voir sourire leur mère.

XIV

Fidèle.

— Ensuite ? — dit Lambert en voyant
Adolphine s'arrêter.

— Attendez ! — dit la jeune femme.

— Qu'est-ce donc ?

— Je croyais avoir entendu...

— Quoi ?

— Marcher dans la chambre voisine.

Lambert, qui s'était assis, — se leva et alla ouvrir la porte. Il interrogea la pièce indiquée et revint ensuite vers la jeune femme.

—Il n'y a personne, — dit-il, — vous vous serez trompée.

— Cependant, n'est-ce pas aujourd'hui que doivent arriver ces deux autres personnés, destinées à jouer avec nous un rôle odieux dans cette affaire ?

— Cela est vrai, — mais elles ne sont point arrivées.

— Oh ! comment lutter contre ce Raymond ?

— Mon honneur est entre ses mains ! dit Lambert en courbant la tête.

— Votre bonneur ! — s'écria Adolphine, — seriez-vous coupable ?

Lambert redressa le front :

— Je suis innocent, — je vous le jure, — dit-il, — et vous le savez bien !

— Alors que pouvez-vous craindre ?

— Ces preuves accablantes, que Raymond a entre les mains et que je ne puis combattre.

— Ces preuves sont donc suffisantes pour vous accuser ?

— Le misérable a su si bien ourdir la trame dans laquelle je suis, qu'il dépend de lui de me faire frapper d'une condamnation infamante!

— Sans doute, ceux qui doivent arriver sont, — comme nous, — à sa merci ?

— Sans doute.

— Oh ! — cet homme est le génie du mal !

— Mais comment vous trouvez-vous dans ses serres, — vous, — Adolphine ?

— Vous allez le savoir, — laissez-moi achever l'histoire du marquis.

— J'écoute.

— Le lendemain, — reprit la jeune femme, — le marquis et Lécrou, — accompagnés de *Fidèle*, — se rendirent au village qu'habitait jadis Maurice Lesourd.

Là ils trouvèrent le commissaire de police prévenu par Lécrou.

Tous trois entrèrent dans la maison indiquée.

Lécrou recommença son manége de la veille, — pour exciter son chien, — puis il lança *Fidèle* :

— Cherche! — dit-il.

Fidèle commença son travail. Cette fois il y mit un acharnement et une persistance étranges.

Il quêta plus d'une demi-heure sans rien rapporter.

— Il ne trouvera rien, — dit le marquis, — parce qu'il n'y a rien à trouver.

— Attendons! — fit Lécrou.

— Pourquoi?

— *Fidèle* a un flair extraordinaire. S'il ne sentait rien à trouver, — il se serait couché sur le carreau. Tandis que... voyez-le!... Regardez comme il s'agite, — comme il court..... Et tenez! il semble s'acharner à l'angle de cette chambre, — là, sous le pied du lit!

Effectivement, le chien se tenait comme

en, arrêt à l'endroit indiqué par le clerc d'huissier.

Il grattait de ses pattes le plancher pourri : on eût dit qu'il cherchât à faire un trou dans le bois.

Trois fois son maître essaya de le faire changer de piste ; trois fois *Fidèle* revint au même endroit avec le même acharnement inexplicable.

— Monsieur, — dit le clerc d'huissier en s'adressant au commissaire de police, — j'ai tellement confiance en l'intelligence de mon chien, — que je vous prie de faire creuser sur l'heure à l'endroit où il gratte.

Le commissaire consulta le marquis.

— Faites, je vous prie, — dit celui-ci.

Le commissaire mit aussitôt en réquisition

les ouvriers nécessaires, l'on commença les fouilles.

Fidèle aboyait en tournant autour du trou que l'on pratiquait dans le plancher, et il donnait tous les signes de l'agitation la plus grande.

Le marquis, — Lécrou et le commissaire, — penchés tous trois au-dessus de l'excavation, — suivaient le travail avec une attention extrême et une sorte d'anxiété.

— Ah ! — fit l'un des ouvriers.

— Quoi ? — demanda le commissaire.

— Un paquet !

L'ouvrier se baissa, — mais il n'eut pas le temps de se saisir de l'objet qui venait de frapper ses regards.

Fidèle s'était élancé, — d'un seul bond, — dans le trou pratiqué, et il en ressortait

tenant dans sa gueule un vieux portefeuille
vert qu'il remit à son maître.

Lécrou prit le portefeuille et le tendit au
commissaire de police.

Le magistrat l'ouvrit et en tira plusieurs
papiers manuscrits qu'il examina attentivement.

—Ah! — dit-il, — voici effectivement
quelque chose pour vous, monsieur le marquis, — ceci vous est adressé.

Le commissaire tendit au gentilhomme
une lettre tracée sur du gros papier, — pliée
grossièrement comme le sont les missives
des paysans et cachetée avec de la simple mie
de pain.

Le marquis se saisit de l'épître d'une
main tremblante et en examina la suscription.

Cette suscription portait ces mots écrits par uné main mal exercée :

A monsieur le marquis de C...,

Pour lui être remis après ma mort par tous ceux qui trouveront cette lettre et qui auront pitié de la prière d'une morte.

Le marquis déchira l'enveloppe en tremblant. Puis il s'approcha d'une fenêtre ouverte, il déplia la lettre et la lut.

Bientôt son agitation devint extrème et il chancela.

— Qu'avez-vous ? —s'écria Lécrou qui ne le quittait pas des yeux.

Le marquis, — sans répondre, — réunit ses forces et marcha vivement vers le commissaire de police :

— Veuillez prendre connaissance de cette

lettre, — monsieur le commissaire, — dit-il d'une voix brève et saccadée.

Le magistrat prit la lettre et la lut à voix basse d'abord, — puis il regarda le marquis.

Voici ce que contenait cette seconde missive. Le contenu je le sais par cœur, et vous comprendrez tout à l'heure pourquoi il ne saurait s'effacer de ma mémoire. »

Adolphine réfléchit un moment, — comme pour mettre un peu d'ordre à ses idées, — puis elle reprit :

— Ah ! — s'écria le marquis, — Dieu a eu enfin pitié de notre misère ! L'imposture est dévoilée ! Le ciel nous secourt ! — Lisez, — monsieur le commissaire. — Lisez à voix haute, que tout le monde vous entende et connaisse la vérité.

Le commissaire se mit à lire, tandis que Lécrou et les ouvriers se rapprochaient anxieusement :

Monsieur le marquis, cher maître,

Je suis au lit de la mort, et à ce triste moment, je vous dois la vérité.

Vous êtes mon bienfaiteur, et j'emporte dans la tombe la reconnaissance que je vous ai vouée.

J'ai été élevée jadis dans votre maison, — mon frère a été votre intendant durant de longues années, — votre père nous aimait.

C'est vous qui m'avez mariée, et c'est vous qui avez daigné me choisir pour nourrir votre chère enfant, mademoiselle Armande, que j'aime comme ma propre fille.

J'ai une confidence à vous faire : confidence que je livre à votre discrétion.

Voici plus de trois ans que mon mari et mon frère, — Langloy, — me tourmentent, — égarés tous deux par une mauvaise pensée, — pour faire substituer notre fille à la vôtre.

Notre fille est morte il y a trois mois, mais je sais que mon mari et mon frère ont volé une pauvre enfant du même âge que la vôtre.

Ils m'ont caché leur crime, et j'ai peur qu'après ma mort, ils n'agissent ainsi qu'ils ont voulu le faire.

Ils espèrent avoir ainsi un jour toute votre fortune sur la tête d'un enfant dont ils auront fait leur complice et qui, par conséquent, sera plus tard à leur merci.

Je vous avertis donc, monsieur le marquis,

pour que vous déjouiez, s'il y a lieu, cette tentative horrible.

Il y a un moyen bien simple et infaillible de reconnaître votre véritable enfant, — celui que vous m'avez confié.

Lorsque j'allaitais mademoiselle Armande, je tenais un jour l'enfant sur mes genoux devant le feu.

Un pot de graisse qui cuisait éclata subitement, je fus brûlée assez fortement à la main, en préservant la chère petite fille, mais un peu de graisse fondue lui sauta cependant sur le corps, et lui fit une petite brûlure au-dessus de la hanche-gauche.

La cicatrice existe encore, et toutes mes voisines, auxquelles je fis part de l'événement, peuvent en témoigner.

Cela doit suffire pour vous éclairer.

Maintenant, — je cache cette lettre sous
mon lit, — car j'ai peur qne mon mari et
mon frère ne la surprennent et ne la détrui-
sent.

S'il y avait ici mon beau-frère Lécrou, —
j'aurais foi en sa loyauté, — mais il est en
voyage.

Dès que vous aurez cette lettre, monsieur
le marquis, — faites venir mon mari, — li-
sez-la lui devant quelqu'un, — et il sera forcé
de renoncer aussitôt à ses projets infâmes.

Mais, au nom de Dieu et du service que je
vous rends, — en vous révélant la vérité, —
pardonnez à Lesourd et à Langloy, et ne les
traduisez pas en justice.

Cette lettre était signée : *Madeleine Langloy, femme Lesourd.*

— Et que dit le marquis ? — demanda Lambert.

— Le marquis revint ivre de joie chez lui, — répondit Adolphine, — Armande fut reconnue pour sa fille véritable.

Un procès s'ensuivit contre Lesourd et Langloy.

Tous deux protestèrent ; tous deux déclarèrent nulle et supposée la lettre de Madeleine, — tous deux maintinrent énergiquement que la substitution avait été faite, — mais comme toutes les preuves les accablaient, ils furent condamnés.

Quant à Lécrou, le marquis lui donna cinquante mille francs.

— Et l'autre petite fille, et Julie ?

— Julie ! — répéta Adolphine.

— Oui !

— Oh ! celle-là devait être sacrifiée, et cependant...

— Cependant?

— Elle est peut-être la véritable fille du marquis, elle !

— Comment?

Adolphine secoua la tête sans répondre.

XV

L'orpheline.

— Adolphine ! — reprit Lambert en voyant la jeune femme plongée dans une sombre rêverie et paraissant avoir oublié et le lieu où elle se trouvait et celui auquel elle parlait.

— Quoi donc ? — demanda Adolphine.

— Vous ne m'avez pas répondu.

— A quoi?

La jeune femme passa ses mains sur son front, comme pour rappeler ses pensées et chasser les sombres idées qui l'avaient envahi.

— A quoi n'ai-je pas répondu?—dit-elle tandis que Lambert la regardait en silence.

— A ma question,— répondit celui-ci.

— Quelle question?

— Vous m'avez dit que l'enfant sacrifié était peut-être la véritable fille du marquis.

— J'ai dit cela?

— Oui.

— Oh! — fit Adolphine en secouant la tête, — j'ai parlé ainsi sans réfléchir.

— Mais enfin qu'est devenu cet enfant?

— Cette pauvre fille était née pour être malheureuse, et elle dut subir sa vocation.

— Que lui arriva-t-il ?

— Vous comprenez que le marquis, après ce qui venait d'avoir lieu, ne pouvait la garder près de lui.

— Pourquoi ?

— La présence d'une fille auprès de la sienne eut pu faire du tort à celle-ci en continuant à alimenter les soupçons des gens mal intentionnés, et qui déjà regardaient Armande comme une étrangère à la noble famille.

— Alors que fit-on de Julie ?

— Le marquis et sa femme réfléchirent longuement sur le parti qu'ils avaient à prendre. — Puis ils se décidèrent à sacrifier celle qu'un moment ils avaient nommée leur fille.

Ils cherchèrent quelqu'un qui voulût bien se charger de l'enfant et l'accepter pour le sien.

Comme le marquis et la marquise accompagnaient la charge de l'enfant à prendre d'une somme d'argent assez considérable, — le père supposé ne fut pas difficile à trouver.

Il se présenta, — procuré par Lécrou, — un homme qui consentit à prendre l'enfant et à l'adopter pour sa fille.

Cet homme devait garder pour lui la moitié de la somme reçue, et placer l'autre moitié sur la tête de Julie, afin de lui faire une dot.

Il trompa le marquis : il garda pour lui

la plus grande partie de l'argent, et il plaça quelques mille francs à peine au nom de sa fille adoptive.

Celle-ci grandit sans rien savoir de ce qu'elle était réellement.

Peu à peu ses souvenirs d'enfance s'effacèrent, et elle avança en âge, convaincue qu'elle était la fille de Buchené...

— Buchené! — s'écria Lambert.

— Oui, — dit Adolphine.

— Votre père?

— Oui.

— Mais alors cet enfant, cette Julie?

— C'est moi!

— Mais comment avez-vous découvert ce mystère? Comment Raymond se trouve-t-il mêlé à tout cela?

— Attendez encore!

— J'écoute.

— Vous vous rappelez quand vous vîntes demeurer dans la maison qu'habitait mon père ?

— Sans doute.

— Cette maison appartenait à Raymond...

— Je l'ignorais quand je vins y prendre domicile, — interrompit Lambert. — Je n'ai eu affaire qu'au locataire principal, si j'avais pu supposer que cette maison appartînt à cet homme, je n'en eusse jamais franchi le seuil.

— Enfin, vous avez pris un petit logement au cinquième...

— Oui.

— Ce fut alors que nous nous rencontrâmes...

— Et que je vous aimai.

— Moi aussi, je vous aimai, Lambert !

— Adolphine !

— Laissez-moi continuer !

— Parlez ! j'écoute.

— Vous vous rappelez nos projets ?.. Vous aviez oublié Eulalie...

— Oh ! — interrompit Lambert, — je ne l'avais jamais aimée, — elle, — vous le savez bien.

— Je le sais ou du moins je le crus, et je le crois encore. Vous espériez vous créer une position dans la littérature...

— Sans doute.

— Vous rêviez une fortune prompte...

— Hélas !

— Et nous parlions d'une union prochaine.

— C'était là mon vœu le plus cher.

—. Malheureusement les circonstances vinrent se jeter entre nous.

— Ce fut vous qui me repoussâtes, Adolphine !

— Hélas ! je le sais, — mais ce que vous ignorez, — ce sont les causes qui m'ont forcée à agir ainsi que je l'ai fait.

— Expliquez-vous !

— Un soir, — vous veniez de me quitter, — nous avions échangé ensemble quelques-unes de ces paroles qui me remplissaient le cœur...

Mon père était sorti, — suivant son habitude le soir, — et je demeurai seule au logis.

La concierge vint me prévenir que M. Raymond, — le propriétaire, — désirait parler à mon père et, — qu'en l'absence de M. Buchené, — il voulait s'adresser à moi.

La demande était trop naturelle pour que je pusse refuser.

Je répondis donc que j'étais prête à recevoir M. Raymond, — s'il voulait se donner la peine de monter chez nous.

Quelques instants après, — il faisait son entrée dans la pièce au fond de laquelle je travaillais à la clarté d'une lampe.

Je connaissais à peine M. Raymond, — je l'avais vu cinq ou six fois au plus et je lui avais, — peut-être, — adressé deux paroles :

— Mademoiselle, — me dit-il en s'avançant vers moi, — je suis fort peiné de vous déranger, — mais je vous avouerai que je suis très-heureux cependant de l'absence de votre père, — car cela me permet de vous parler seul à seul, et je dois avoir avec vous une conversation intime.

Ce début m'embarrassa et m'étonna.

— Monsieur, — répondis-je, — je ne sais ce que vous pouvez avoir à me dire.

Il avait pris un siége et s'était approché de moi avec son aplomb ordinaire, et en me tenant sous son regard fixe, dont l'impression me faisait mal.

— Effectivement, — reprit-il, — vous devez ignorer ce que j'ai à vous dire, et mes paroles vous étonnent à bon droit, — mais je vais vite éclairer la situation.

Mademoiselle, vous aimez un jeune homme qui habite cette maison, — et ce jeune homme vous aime... »

Je fis un mouvement.

— Ne vous défendez pas ! — ajouta-t-il,
— ne niez pas ! — Je suis parfaitement certain de ce que je dis, et votre embarras
prouve que je dis vrai en parlant ainsi que
je le fais. — Vous aimez et vous êtes aimée.

— Ce jeune homme qui cherche à vous sé-
duire, se nomme Lambert d'Arcourt.

— Monsieur ! — m'écriai-je en me levant.

— De quel droit venez-vous ici vous mêler
de ce qui se passe dans mon cœur.

— D'un droit bien incontestable, — répondit-il, — car je vous aime !

— Vous m'aimez ! — fis-je avec stupéfaction.

— Oui, je vous aime, — répondit-il avec
son inaltérable sang-froid.

— Mais...

— Laissez-moi achever, — de grâce ! — je

sais que vous ne pouvez m'aimer puisque vous ne me connaissez pas, — mais je prétends veiller sur vous et vous empêcher de tomber dans un piége infâme tendu sous vos pas. — Ce d'Arcourt est un misérable !

— Il a dit cela ! — s'écria Lambert.

— Oui, — interrompit Adolphine, — et comme pour me persuader, il me raconta l'histoire de vos amours avec sa femme, — je le crus.

— Ce fut alors que vous m'avez témoigné une telle froideur.

— Oui.

— Et que vous m'avez laissé partir désespéré ?

— Oui.

— Mais pourquoi ne m'avoir pas expliqué

franchement les motifs qui vous faisaient agir ?

— Je ne pouvais le faire.

— Pourquoi ?

— Vous allez le savoir. Écoutez encore ! oh ! je n'ai pas terminé mon récit et il vous reste de pénibles choses à entendre !

Lambert fit signe qu'il était prêt à écouter.

— Maintenant, me dit Raymond, — fit Adolphine en reprenant, — maintenant que vous êtes éclairée sur un point, — il faut que je porte le jour sur un autre.

Vous croyez à l'amour de Lambert, — il ne vous aime pas.

Vous avez foi en l'affection de Buchené, — il n'a pas pour vous, même un semblant d'amitié.

— Monsieur ! — m'écriai-je, — il s'agit de mon père !

Raymond haussa les épaules.

— Cet homme n'est pas votre père ! — dit-il.

Je reculai avec une sorte d'épouvante.

— Que dites-vous donc ? — fis-je en tremblant.

— La vérité ! — répondit-il.

— Comment ?

— Buchené n'est pas votre père !...

Et comme je demeurai sans répondre, — sans pouvoir même parler, — il me raconta longuement, — minutieusement, — la façon dont j'avais été confiée aux soins de cet homme que je croyais être mon père.

Il me confia alors tout ce qui concernait

le marquis, — tout ce que je viens de vous
apprendre à mon tour.

Puis, quand il me vit atterrée, — anéantie, — foudroyée par ces révélations si
étranges, — si poignantes, — si inatten-
dues, — il me salua froidement et il me
quitta en disant :

— Je viendrai demain soir. Réfléchissez !

Ce qui se passa en moi après le départ de
Raymond — je ne saurais vous l'expliquer
aujourd'hui.

A onze heures, — mon père rentra.

Il ne fit pas attention à mon émotion extrême. Il ne remarqua pas mes joues rou-
gies, — mes yeux noyés de larmes.

— Monsieur ! — m'écriai-je en me précipi-
tant vers lui et en lui saisissant les mains,
— un homme sort d'ici, et cet homme m'a

dit que je n'étais pas votre fille. — Est-ce vrai ?

Buchené me regarda sans répondre. A peine avait-il l'air d'avoir compris, — mais il ne manifesta aucune émotion.

— Est-ce vrai ? — répétai-je avec des mouvements fébriles.

— Hein ? — fit-il enfin.

— Est-ce vrai ?

— Quoi ?

— Que vous n'êtes pas mon père ?

— Qui diable t'a dit cela ? — fit-il.

— M. Raymond !

— Le propriétaire ?

— Oui.

— Il est donc venu ici ?

— Il y a passé la soirée.

— Pourquoi faire ?

— Répondez-moi d'abord! Est-ce vrai, ce qu'il a dit?

Buchené hésita.

— Répondez, par grâce! — m'écriai-je.

— Eh bien... — fit-il.

— Eh bien?

— C'est vrai.

— Il n'a pas menti?

— Non !

— Je ne suis pas votre fille?

— Je l'avoue !

Je demeurai plus frappée de stupeur que je ne l'avais été en entendant Raymond.

J'avais espéré que celui-là s'était trompé, — qu'il m'avait menti, — qu'il avait voulu se jouer de moi.

— Quoi? — m'écriai-je en secouant les

mains de Buchené. — vous n'êtes pas mon père ?

— Non ! — me répondit-il brutalement.

— De qui suis-je la fille, alors ?

— Ma foi ! je n'en sais rien.

Et comme j'étais à demi folle, — comme j'insistais, — comme j'interrogeais avec anxiété :

— Oh ! — me dit Buchené. — Tu me fatigues. J'ai envie de dormir. Je vais me coucher. Nous causerons demain.

Je laissai aller cet homme, — comprenant bien qu'il n'avait jamais rien été pour moi, — qu'il m'avait, — non pas recueillie par charité, moi, pauvre enfant abandonnée, — mais qu'il m'avait prise pour gagner le salaire offert.

Buchené, — au reste, — ne paraissait pas être plus ému après son aveu, qu'il ne l'avait été avant de le faire.

Il alla se coucher.

XVI

Suite.

— Le lendemain, — continua Adolphine, — je ne cherchai même pas à l'interroger.

Au reste on eût dit qu'il eût peur de mes questions, — car il évita de demeurer seul avec moi. Il sortit plus tôt qu'il n'avait coutume de le faire et il ne rentra pas dîner.

Le soir venu, — j'attendais avec une sorte de fébrile impatience : j'étais malade : j'avais la tête en feu...

A huit heures... Raymond sonna.

— Eh bien ! mademoiselle, — me dit-il en s'asseyant, — avez-vous interrogé Buchené ?

— Oui ! — balbutiai-je.

— Et que vous a-t-il dit ?

— Que vous ne m'aviez pas trompée.

— Ah ! ah !

— Maintenant, — monsieur, — il me reste à vous demander dans quel but vous êtes venu me faire hier cette pénible confidence ?

— Avant de répondre à cette question, —

il faut que vous me permettiez de vous en adresser une moi-même !

— J'écoute.

— Vous doutez-vous de ce que peuvent être vos parents ?

— Je ne puis même faire une supposition à cet égard, — répondis-je.

— En vérité ?

— Comment pourrais-je la faire ?

— Je vais donc vous éclairer.

— Vous ?

— Moi-même.

— Vous me direz de qui je suis la fille ?

— Oui.

Je me levai, les mains jointes et la pose suppliante.

— Par grâce! — m'écriai-je, — si vous connaissez mes parents, si vous pouvez me renseigner sur mon origine, — oh ! parlez ! parlez ! et je bénirai chacune de vos paroles!

— Je ne sais pas qui est votre père, — répondit Raymond, — mais je sais parfaitement quelle femme est votre mère.

Je reculai. Ce que venait de dire Raymond était une révélation nouvelle qui ternissait l'éclat de ce qu'une fille a de plus précieux : — l'honneur de sa mère !

— Votre mère, — reprit-il, — est à cette heure une grande dame, et vous, — vous serez toujours une petite bourgeoise.

Puis, — sans que je l'interrogeasse encore, — il me déroula une lugubre histoire... Je l'écoutai en pleurant, — l'interrompant par mes sanglots...

— Mais cette histoire ? — dit Lambert.

— Je ne puis vous la confier, mon ami, — répondit Adolphine.

— Pourquoi ?

— Parce que c'est celle de ma mère. Oh ! n'insistez pas ! Peut-être n'aurais-je pas la force de vous résister, et alors je serais bien malheureuse.

— Je respecte vos secrets, Adolphine.

— Vous êtes fâché ?

— Nullement ! Je vous comprends et je vous plains. Enfin, que dit encore Raymond ?

— Après m'avoir révélé... la honte de celle qui était ma mère, — il me donna toutes les preuves, — qui me parurent indiscutables, — de la véracité de ses assertions. Ces preuves étaient des lettres, — des actes, — des certificats... tout un dossier parfaitement en règle.

— Vous voyez, — me dit-il, — toutes les preuves de l'infamie que je vous ai racontée sont entre mes mains.

— Oui, — répondis-je en baissant la tête.

— Je puis, si je le veux, — perdre votre mère.

— Monsieur ! — m'écriai-je.

— Il dépend de vous que je sois son meilleur ami.

Il lança sur moi un regard tellement perçant, que je frissonnai en me reculant par un mouvement involontaire.

— Oh !— dit-il, — soyez sans crainte. Je n'abuserai pas de ma puissance sur vous, dans le sens que vous paraissez redouter. Non ! je vous respecterai, — mais à une condition ; — c'est que vous m'obéirez aveuglément.

— — Que faut-il faire ? — dis-je avec résignation, car je me sentais en la puissance de cet homme.

— Avant tout, — reprit-il, — il faut que vous connaissiez le nom de votre père.

— Mon père ?

— Oui.

— Vit-il encore?

— Non! Il est mort.

-- Son nom ?

— Langloy.

— Langloy ! — répétai-je, — mais dans cette histoire de tentative de substitution d'enfant que vous m'avez racontée, — il y avait un homme portant ce nom ?

— Oui.

— L'intendant du marquis?

— C'est cela même.

— Eh bien ?

— Eh bien ! C'était lui !

— Mon père?

— Oui. Cela vous explique maintenant sa tentative criminelle d'accord avec sa sœur,

— votre tante, — la femme de Lesourd, —
la nourrice de mademoiselle Armande.

— Cet homme était mon père ?

— Oui. J'ai là, — également, — toutes
les preuves de sa tentative de crime, — preuves que je pourrais, — si vous m'y forciez,
— mettre en lumière.

—Que voulez-vous de moi ? — m'écriai-je.

— Quatre choses !

— Parlez !

— La première est que vous ne révéliez à
personne le secret que je viens de vous confier.

— L'intérêt de mes parents vous garantit
ma discrétion.

— La seconde est que vous éconduisiez Lambert d'Arcourt, — qu'il vous quitte sans espoir.

— Après?

— La troisième, — que vous continuiez à passer pour la fille de Buchené.

— Ensuite?

— La quatrième, — que vous acceptiez pour mari l'homme dont Buchené vous parlera demain.

— Est-ce tout?

— Oui. — Que répondez-vous?

Je ne savais que répondre. Alors Raymond, — avec son adresse infernale, — revint sur les dangers dont il pouvait menacer ma mère... Que vous dirai-je, — mon ami!

j'étais folle, — je n'avais plus de forces, — je ne pouvais lutter... je promis tout ce que cet homme voulut que je promisse, afin d'assurer le repos et la tranquillité à celle qui cependant m'avait abandonnée dans mon enfance.

— Je comprends tout, — dit Lambert, — et je vous pardonne. Vous aussi, êtes entre les griffes de ce démon vomi par l'enfer !

— Maintenant que vous savez tout, — reprit Adolphine, — faut-il vous expliquer le rôle que je viens jouer ici ?

— Hélas ! — dit Lambert, — une odieuse comédie vous est imposée à vous comme à moi.

— Tromper un vieillard fou !

— Etre complice d'infâmes misérables !

— Oh ! — s'écria Adolphine, — Dieu m'est témoin que s'il ne s'agissait que de moi, — je me tuerais à l'instant, — mais le monstre m'a menacée de ternir, — même après ma mort, — l'honneur de ma mère.

— Moi, — s'écria Lambert, — j'ai juré de vivre, — et ce serment je me le suis fait à moi-même. Je lutterai jusqu'au bout. Je prétends ne renoncer à l'espoir de triompher du génie du mal, que s'il m'est démontré enfin que le Seigneur m'a abandonné sans retour.

Or, — il n'en est point ainsi. Chaque fois que le péril qui me menaçait semblait plus grand, — une main secourable se tendait tout à coup vers moi.

Courage et espoir, — Adolphine, — luttons.

— Mais ce malheureux vieillard qu'il nous faut tromper ?

— Le comte de Grandier ?

— Oui.

— Il est fou ! dit-on, — mais c'est cette folie qui fait mon espoir !

— Comment ?

— J'ai un projet.

— Lequel ?

— Je vais vous le dire.

Lambert se rapprocha d'Adolphine. Il allait parler, lorsqu'un léger craquement retentit dans la pièce voisine.

Les deux jeunes gens tressaillirent et se retournèrent à la fois. Lambert se leva vivement et marcha vers la porte.

Cette porte venait de s'ouvrir et une femme paraissait sur le seuil. Lambert s'arrêta avec une stupéfaction évidente. La femme qui entrait dans la pièce était Eulalie.

Le jeune homme demeura muet et se recula. Eulalie s'avança vers Adolphine.

—Madame, — dit-elle à voix basse, — j'ai entendu tout ce que vous venez de raconter. Pardonnez-moi, car je puis vous arracher aux mains qui vous étreignent !

— Vous ! — s'écria Adolphine.

— Oui !

Lambert s'était rapproché vivement. Eulalie leur tendit la main :

— Je vous sais gré d'avoir parlé avec franchise ! — ajouta-t-elle.

Lambert et Adolphine se regardaient sans comprendre, — avec une sorte de stupeur.

— Vous comprendrez tout, dans un instant, — poursuivit Eulalie d'une voix brève, — sachez seulement que Raymond est dans cette maison !

Lambert fit un geste violent : Eulalie s'arrêta.

— De la prudence ! — dit-elle.

Puis se tournant vers Adolphine.

— Moi aussi, — dit-elle, — je suis comme vous en la puissance de cet homme, — moi aussi je suis votre complice ! — moi aussi je dois descendre jusqu'à jouer un rôle honteux auprès d'un pauvre vieillard, — jusqu'à tromper un malheureux fou au profit de ce misérable ! Mais il manque un acteur dans l'infâme comédie que l'on prétend faire jouer. Nous devions être quatre et nous ne sommes que trois. — Le quatrième ne viendra pas !

— Quel est-il celui-là ? — demanda Lambert.

— Le vicomte de Launay !

— Celui qui a voulu se suicider

— Oui.

— Eh bien ?

— Cette fois il est mort et bien mort!

— Ne me demandez rien. Vous ne comprendriez pas pourquoi je vous parle ainsi.

— Sachez seulement que cette mort du vicomte nous sauve tous et perd Raymond et les siens.

— Comment?

— Je m'expliquerai plus tard! — silence.

Eulalie se recula vivement. La porte venait de s'ouvrir. Un homme costumé en valet de pied, la tête recouverte d'un chapeau à larges bords, venait d'entrer dans la pièce.

Cet homme s'avança vers les deux femmes et Lambert.

— Le comte de Grandier est disposé à recevoir ses enfants, — dit-il.

Adolphine, Eulalie et Lambert tressaillirent. L'homme venait de rejeter son chapeau, et la face blême de Raymond venait d'apparaître en pleine lumière.

— Vous, — reprit Raymond en s'adressant à Lambert, — n'oubliez pas que vous vous nommez Réné et que vous êtes avocat.

Vous, — Adolphine, — vous vous appelez Marie.

Vous, — Eulalie, — vous répondrez au nom de Valentine.

Rappelez-vous tous trois ce que je vous ai recommandé à chacun et n'oubliez pas ce que je puis !

Allez ! le comte vous attend !

Et d'un geste impérieux Raymond indiqua la porte.

Lambert, — pâle comme un cadavre, — les mains crispées, — l'œil chargé de menaces, — demeura un moment immobile.—

Sur un second geste de Raymond,—il passa.

Adolphine le suivit, — Eulalie s'avança la

dernière.

Raymond la retint en lui posant un doigt

sur le bras.

—Qu'est-ce que ce projet que vous avez ?

— dit-il d'une voix sifflante.— Il faudra me

le confier ?

La jeune femme frissonna et parut prête à

défaillir. Raymond sourit en la regardant et

il la repoussa de la main.

Robert, — l'intendant du comte, — atten-

dait les deux femmes et le jeune homme dans

le salon noir.

En les voyant s'avancer il s'inclina et pas-

sa respectueusement devant eux pour leur

ouvrir la porte.

Raymond était demeuré seul dans la pièce.

En ce moment un valet s'introduisit près de lui et lui tendit une lettre sans prononcer une parole.

Raymond prit la missive, — la décacheta, — la parcourut des yeux, — puis poussant un juron énergique il frappa du pied le tapis avec un sentiment de colère et de rage.

— Encore ! — s'écria-t-il, — Ah ! décidément ce vicomte de Launay est trop à craindre ! Il faut en finir !

Robert entrait de l'autre côté.

— Eh bien ? — dit Raymond, — cela marche ?

— A merveille ! — répondit l'intendant.

— Le comte a embrassé ses enfants ?

— En pleurant.

— Bien! maintenant il faut le faire tester dès ce soir!

— Mais son second fils ?

— Il viendra !

— Le comte ne testera pas sans l'avoir vu.

Raymond fit un geste d'impatience.

— Eh bien ! il le verra ! — dit-il.

— Et ensuite ?

— Parbleu ! il mourra et les enfants hériteront !

— C'est-à-dire, — nous !

— Naturellement.

Robert s'inclina, — Raymond fixait toujours la lettre qu'il venait de recevoir.

— Décidément, — murmurait-il, — Charles de Rueil et Lucien de Rouvres sont des

adversaires dangereux. Il faudra que j'avise..
Bah! après tout, — n'ai-je pas un moyen?
Je fouillerai cette nuit LES MYSTÈRES-DU-
MONT-DE-PIÉTÉ!

FIN DE LA TROISIÈME PARTIE.

TABLE

DU SIXIÈME VOLUME.

CHAP.   II. Le père Gaspard. **3**

III. Les comptes.   31

IV. Le rendu de noce.   59

V.   75

VI. A minuit.   97

VII. Les nouvelles.   119

VIII. Les cancans.   149

IX. Le comte de Grandier.   169

X. Le mystère.   191

XI. Le diseur de bonne aventure.   213

XII. Armande.   233

XIII. Le doute.   249

XIV. Fidèle.   269

XV. L'orpheline.   285

XVI. (*Suite*).   305

Sceaux, imprimerie de E. Dépée.